L'ENFANT OUBLIÉ DU TIBET

Gilles Van Grasdorff

Né d'un père flamand et d'une mère bretonne, Gilles Van Grasdorff est aujourd'hui journaliste et auteur de plus d'une vingtaine d'ouvrages. En octobre 1993, sa rencontre avec le quatorzième Dalaï-Lama bouleverse totalement sa vie. Le chef spirituel et temporel du Tibet l'invite à écrire un livre d'entretiens, *Terre des dieux, malheurs des hommes* (Lattès, 1995). A Dharamsala, en Inde, il fait la connaissance de Jetsun Pema, sœur du Dalaï-Lama. Un livre naît de cette rencontre : *Tibet, mon histoire*, préfacé par Elie Wiesel (Presses de la Renaissance, 1996). Ce livre, traduit en onze langues, connaît aujourd'hui encore un succès mondial. La même année, il publie *Paroles des Dalaï-Lamas* (Presses de la Renaissance). En 1996, il travaille sur un ouvrage capital pour l'histoire du Tibet. *Panchen-Lama, otage de Pekin* (Presses de la Renaissance,1997) est l'histoire contemporaine de la seconde hiérarchie bouddhiste du Tibet. En 1997, Tendzij Tcheudrak, médecin personnel du Dalaï-Lama, qui a passé vingt et un ans dans les camps communistes de Chine et du Tibet, lui demande de raconter sa vie. Paru en octobre 1998 aux éditions Albin Michel, ce livre, préfacé par le Dalaï-Lama, a déjà été appelé à un immense succès mondial. *Cent mille éclairs dans la nuit* (Presses de la Renaissance), co-écrit en 1999 avec Gilbert Collard, met en lumière les responsabilités des communistes au pouvoir à Pékin. Le livre, *L'homme n'est pas la mesure* (Presses de la Renaissance), qu'il a co-signé avec Xavier Emmanuelli, a obtenu le prix Louis Pauwels 1999.

GILLES VAN GRASDORFF

L'ENFANT OUBLIÉ DU TIBET

Préface de Harry Wu

PRESSES DE LA RENAISSANCE

Ce livre a été préalablement publié sous le titre :
GUENDUN, L'ENFANT OUBLIÉ DU TIBET

Comme le petit prince s'endormait, je le pris dans mes bras, et me remis en route. J'étais ému. Il me semblait porter un trésor fragile. Il me semblait même qu'il n'y eût rien de plus fragile sur la Terre. Je regardais, à la lumière de la lune, ce front pâle, ces yeux clos, ces mèches de cheveux qui tremblaient au vent, et je me disais : ce que je vois là n'est qu'une écorce. Le plus important est invisible...

Antoine de Saint-Exupéry,
Le Petit Prince

ISBN 2-266-10483-7

À Sa Sainteté le quatorzième Dalaï-Lama,
à Guendun Chökyi Nyima, onzième Panchen-Lama,
et à toutes les victimes de la répression communiste,
en Chine et au Tibet.

Avertissement

La connaissance du Tibet, de son histoire, de ses religions, de sa culture et de ses coutumes est récente en Occident. Chacune des recherches effectuées est une pierre nouvelle apportée à l'édifice. Si les témoignages, de plus en plus nombreux et de plus en plus précis, permettent à la tibétologie de progresser, ils dévoilent aussi que, depuis cinquante ans, un pays et un peuple sont menacés d'extinction.

La transcription des noms tibétains a été simplifiée, mais les noms de lieux ont été écrits dans la phonétique anglaise, la plus généralement utilisée ; si certains noms chinois sont signalés dans les notes, nous avons volontairement conservé dans le texte les régions, les villes, les monastères en tibétain, et non en chinois, le Tibet étant une nation souveraine occupée par la République populaire de Chine.

PRÉFACE

Je suis un Chinois d'origine Han[1]. J'ai été persécuté par le Parti communiste. J'ai dû supporter la perte du plus bel âge de la vie, la perte de mon père, de ma mère et d'un de mes frères cadets. J'ai tout perdu.

Il serait juste de dire que j'ai droit à la vengeance. Si je m'étais comporté comme un homme, un homme digne de ce nom, j'aurais dû me venger. Mais il n'en est pas ainsi, cette sorte de virilité n'est pas dans mon caractère.

En 1979, l'année de mes quarante-deux ans, j'ai été libéré du laogai, le camp de rééducation par le travail. Je suis retourné à l'université dont je suis diplômé. Car c'est là-bas que, lorsque j'avais vingt ans, j'avais été déclaré par la section du Parti de l'université « contre-révolutionnaire droitier » et « membre d'une classe ennemie », ces accusations m'ayant conduit par la suite au laogai. La personne qui était à l'époque responsable de la section du Parti était bien entendu celle dont j'aurais dû me venger. Le héros du *Comte de Monte-Cristo* ne se

1. Ethnie chinoise dominante.

venge-t-il pas finalement après avoir passé, lui aussi, dix-neuf ans dans un cachot ? Je n'avais pas pensé que, plus de vingt ans plus tard, cet homme du nom de Wang se trouverait encore à l'université et que, qui plus est, il aurait été promu au plus haut rang. Il n'était plus désormais simple membre d'une cellule mais secrétaire du Bureau de la section universitaire du Parti et responsable du service du personnel. En réalité, cela n'était pas tellement surprenant car en 1957, lorsque Deng Xiaoping fut nommé par Mao Tsé-toung et par le Comité central directeur du « Bureau de répression des droitiers du comité central », c'était lui qui mettait au point le programme de répression des droitiers à l'université. Et, vingt-deux ans plus tard, Deng Xiaoping était devenu le dirigeant le plus important du Parti. Ainsi les « habitudes » n'avaient pas changé : le Parti était toujours le Parti. Ma libération et mon « amendement » n'étaient qu'une nouvelle manœuvre politique.

Lorsque le dénommé Wang, secrétaire du Bureau de la section universitaire du Parti, me vit, il vint en personne, et immédiatement, me servir du thé, à moi qu'il avait déclaré contre-révolutionnaire droitier, coupable de tous les crimes, indigne de pardon. Un tel accueil empreint de dévouement avait vraiment de quoi me toucher. On aurait pu croire que les événements de 1957 au cours desquels lui et ses camarades m'avaient accusé d'être un « contre-révolutionnaire droitier » n'avaient jamais existé.

Il dit : « Je n'ai pas de rancune personnelle envers toi. En tant que membre du Parti, j'ai obéi aux instructions de ses dirigeants. En 1957, c'est d'après les directives du Comité central concernant la répression des droitiers que tu as été désigné "contre-révolutionnaire droitier", et lorsque par la suite tu as été arrêté et envoyé au laogai, c'est toujours selon les mesures publiées par le Parti. Aujourd'hui, tu as été "amendé", tu as été relâché du laogai, de nouveau on t'a procuré un travail, on a rétabli ton honneur, ce sont de nouveau les mesures prises par le Parti. Je suis membre du Parti, j'ai toujours agi selon ses directives, par le passé comme aujourd'hui. »

Ce Monsieur Wang n'était qu'une « vis », un simple rouage de la machine. Devais-je me venger sur lui ? Je n'aurais alors tout au plus brisé qu'un simple rouage, et la machine continuerait à fonctionner.

Il faudrait faire en sorte que cette machine qui engloutit des millions d'hommes s'arrête : alors on aurait rompu le mécanisme.

Bien entendu, je n'éprouve pas de bons sentiments pour n'importe quelle « vis » de la machine. Pendant longtemps, j'ai pensé que le Panchen-Lama était lui aussi un rouage, aussi grand qu'admirable, mais un rouage de la machine communiste. Un moine tibétain qui se serait hissé au poste de vice-président du Comité de l'Assemblée populaire. Il prêchait incessamment « les quatre amours : l'amour du Parti, l'amour de la Patrie, l'amour du Tibet, l'amour du bouddhisme » jusqu'au jour où, en 1982, il reconnut qu'il avait grandi éduqué par le Parti, depuis son enfance jusqu'à l'âge adulte. Je n'ai jamais vraiment compris pourquoi le Panchen-Lama avait été emprisonné au moment de la Révolution culturelle, durant neuf ans et huit mois. En effet, il ne se peut pas qu'il ait appartenu à l'une ou l'autre des factions au sein du Parti ; d'autre part, la position très particulière qu'il occupait faisait de lui une façade extrêmement importante au regard de l'opinion internationale, si bien qu'il aurait dû être épargné.

Plus tard, je lus les *Soixante-dix mille caractères* du dixième Panchen-Lama et je sus ce qui s'était passé. Son histoire est fort mystérieuse. Il a longtemps été assigné à résidence à Pékin, ne bénéficiant que rarement de l'autorisation de rentrer au Tibet. Il menait ainsi l'honorable existence de ceux qui ont une fonction élevée. Le Parti fit de ce moine tibétain un ami de la Chine et des communistes, un « grand patriote ».

En 1961, le Panchen-Lama se rendit au Tibet. Lorsqu'il comprit que ses compatriotes mouraient de faim depuis trois ans et qu'il put prendre la mesure de leurs conditions de vie, il en fut indigné. Prenant conscience que l'action engagée par le Parti au Tibet se résumait à des mesures criminelles menant à la destruction de sa religion et de son peuple, il répandit la vérité autour de lui.

Quand je me rendis au Qinghai, dans la région de l'Amdo, je demandais aux Tibétains qui vivaient là pourquoi, en période de famine, ils se trouvaient plus démunis encore que les Chinois d'origine Han. Cette région habitée par les Tibétains possède une densité géographique assez faible, il y a beaucoup de terres pour peu d'individus, si bien que le fléau le plus craint n'a jamais été la famine mais la maladie.

Ils m'expliquèrent qu'ils avaient souffert de la famine pour les raisons suivantes : premièrement, suite à la « Libération pacifique du Tibet », les pertes en hommes avaient été très importantes : beaucoup furent tués, d'autres prirent la fuite, d'autres enfin furent emprisonnés, ce qui eut pour résultat d'anéantir la principale force de travail dans chaque famille. Deuxièmement, en 1958-1959, le Parti voulait à tout prix que l'agriculture « batte des records ». Les Tibétains reçurent la consigne de planter des céréales telles que le blé mais, ce type de culture n'étant pas adaptée aux grands froids et les Tibétains ne maîtrisant pas les techniques adaptées, il n'y eut pas de récolte en de nombreux endroits. Toutefois, les fonctionnaires, tant Han que Tibétains, qui voulaient malgré tout pouvoir « afficher des rendements élevés » pillèrent les réserves de céréales des paysans pour les remettre à l'État. Troisièmement, dans les régions habitées par les Tibétains furent installées des usines sidérurgiques. Et les terres restantes furent profondément labourées, si bien que les Tibétains ne pouvaient plus laisser paître le bétail dont dépendait leur vie quotidienne et qu'un grand nombre de bêtes mourut. Quatrièmement, les Tibétains ont foi dans le bouddhisme et sont des gens très honnêtes. Ils se sont toujours conformés aux ordres des hauts fonctionnaires de l'État : ils apportaient les parures de leurs femmes aux aciéries, déménageaient pour aller vivre dans les communes populaires, empêchaient leurs bêtes de paître librement, laissaient chasser leurs lamas.

La plupart des Tibétains ont prié en silence et se sont résignés au malheur. Lorsque j'étais au laogai, au bout de quatre mois, je ne pesais plus que quarante kilos et je ne pouvais plus tenir debout. Par la suite, des prisonniers originaires de la campagne me montrèrent comment trouver des plantes sauvages comestibles dans la nature, comment manger l'écorce des arbres, comment attraper des grenouilles, des souris, des serpents, pour tromper la faim. C'est pourquoi je demandais aux Tibétains s'ils avaient pensé à recourir à de tels moyens. Ils me dirent que, leurs ancêtres n'ayant pas connu l'expérience à laquelle ils étaient confrontés, personne ne leur avait jamais enseigné de telles choses, et que leur religion ne leur permettait pas de se nourrir de serpents, de grenouilles ni de souris.

Le Panchen-Lama a dit publiquement : « Pendant les quelque dix années durant lesquelles Chang Kaishek et Ma Bufang ont gouverné le Qinghai, les Tibétains n'ont jamais été pauvres au point de ne pas même pouvoir s'acheter un bol de riz. »

Ce genre de critiques n'était absolument pas toléré par le Bureau du Parti. À l'époque, son maître En Jiu avait imploré à plusieurs reprises le Panchen-Lama de ne surtout pas remettre son livre, les *Soixante-dix mille caractères*, au Parti, sachant que cela ne manquerait pas de provoquer de grands malheurs. Mais le Panchen-Lama n'écouta pas la remontrance et continua à critiquer le Parti. Immédiatement, il subit de sévères critiques, fut relevé de ses fonctions, humilié, et finalement envoyé dans la célèbre prison communiste de Qincheng.

Au moment où le Parti lui accorda sa sortie de prison, il s'avéra que le Panchen-Lama restait une « vis » qui pouvait encore avoir son utilité, et il reçut à nouveau une fonction élevée et la confiance du Parti. Néanmoins, en janvier 1989, alors qu'il présidait la cérémonie d'inauguration du *stupa** du neuvième Panchen-Lama, une nouvelle fois, il parla sans détour, démontrant que les désastres causés par l'application du communisme au Tibet étaient beaucoup plus importants que les avantages qu'il avait procurés. Au bout du compte, après avoir essayé de l'éduquer, de le neutraliser, de le menacer, de l'assimiler, le Parti échouait à contrôler le Panchen-Lama. Celui-ci demeurait le deuxième guide spirituel des Tibétains. Ayant renié le Parti, il ferma les yeux, et ne fut plus jamais un jouet entre les mains du Parti.

La rencontre entre le despotisme du Parti communiste chinois et le peuple du Tibet est semblable à la chute d'un œuf sur une pierre : il ne fait aucun doute que l'œuf va se casser. La rencontre du bouddhisme tibétain et de l'athéisme communiste est comme celle de l'eau et du feu, difficilement compatible en vérité. Le Panchen-Lama n'avait pas la volonté inébranlable et clairvoyante du Dalaï-Lama, mais toute sa vie montre que le despotisme est comparable à une énorme roche, alors que la conscience du bien ressemble à une toute petite pousse. La pousse qui se trouve sous le rocher n'a besoin que d'eau et de soleil pour grandir. Quant au rocher qui paraît immense, il n'est pas vivant et, sous l'action du soleil et du vent, il s'effrite jour après jour.

Au début des années quatre-vingt, les nouveaux responsables du Parti, Hu Yaobang et Deng Xiaoping décidèrent de nouvelles mesures « de réforme et d'ouverture » pour le Tibet. En apparence, ces mesures semblaient plutôt souples, et ne différaient pas de celles appliquées dans le reste de la Chine, mais leur objectif essentiel était avant tout de maintenir la domination du Parti sur le Tibet. La particularité de ces nouvelles mesures était la suivante : de grosses sommes d'argent devaient être transférées vers le Tibet et distribuées dans la région pour redresser l'économie. On achetait les Tibétains.

L'argent servait à reconstruire des temples, à former un plus grand nombre de cadres tibétains, pour remplacer les cadres d'origine Han, alors que dans le même temps on déplaçait des populations Han vers les zones habitées par les Tibétains. Ces procédés, mûrement réfléchis, sont encore plus redoutables que les mesures de boucher adoptées par Mao. L'objectif, désormais, était de détruire pas à pas mais complètement la religion et la culture tibétaines, puis le peuple tout entier. Il est difficile d'imaginer ce que la société tibétaine va devenir dans les vingt ou trente prochaines années, une fois qu'aura grandi la nouvelle génération.

Au cœur du bouddhisme tibétain, il y a ceux que tous les Tibétains placent au plus haut, les deux Bouddha vivants que sont le Dalaï-Lama et le Panchen-Lama. Voilà déjà quarante ans que le Dalaï-Lama vit en exil. Le Parti refuse de l'autoriser à revenir au Tibet, quelles que soient les conditions envisagées pour son retour, et interdit même à tous les Tibétains, y compris aux moines, de posséder sa photographie. Les communistes s'acharnent à vouloir faire complètement disparaître le Dalaï-Lama en l'isolant. Quant au Panchen-Lama, ils pensaient l'avoir dompté, mais au bout du compte, ils ont dû admettre leur échec.

À la mort du dixième Panchen-Lama, le problème de sa succession fut l'occasion pour le Parti de continuer à appliquer sa politique de destruction du Tibet. C'est pourquoi le gouvernement de Pékin désavoua Guendun Chökyi Nyima, l'enfant désigné par le Dalaï-Lama pour devenir le onzième Panchen-Lama et, sans considération aucune pour la culture tibétaine, choisit lui-même le successeur du défunt, ce qui constituait un prolongement inévitable des mesures prises par les communistes en vue de l'anéantissement du Tibet.

Le onzième Panchen-Lama a encore dix à quinze années devant lui avant d'atteindre l'âge adulte. Je suis inquiet pour son avenir, pour toutes ces années qu'il s'apprête à passer entre les mains du pouvoir communiste. Je crains qu'il ne devienne « rouge » non seulement en apparence, mais également au plus profond de ses pensées et de son être.

Je n'ose pas imaginer quelle sera la façon de penser de Guendun Chökyi Nyima, maintenant que, assigné à résidence, il s'apprête à grandir sous le joug des communistes. Car le Parti peut à sa guise « remodeler » complètement un enfant. Lorsque, repensant aux dix-neuf interminables années de ma vie passées dans le laogai, je compare le laogai au goulag russe et aux camps de concentration d'Hitler, ce que j'ai le plus de mal à concevoir, c'est quelque chose qui ne participait pas au fonctionnement des deux derniers et que le laogai possédait en particulier, à savoir la volonté de « remodeler la pensée ». Cette volonté de « remodeler la pensée » qui caractérise la domination despotique du Parti communiste chinois est proche de ce qu'on appelle en général le « lavage de cerveau ». Tous les efforts mis en œuvre par Hitler pour bâtir les chambres à gaz étaient réalisés pour détruire l'homme physiquement. La particularité du Parti communiste chinois, c'est que, par sa volonté de « remodeler la pensée », il détruit la pensée, c'est-à-dire l'essence de l'homme. Peut-on remodeler la pensée de l'homme ? Peut-on « reprogrammer » le cerveau humain ? Cela semble inimaginable, et pourtant le dixième Panchen-Lama n'en a-t-il pas été un exemple ? Les communistes n'ont-ils pas réussi à le remodeler jusqu'à un certain point ?

La tragédie du Tibet n'appartient pas seulement aux Tibétains. Le sort du Tibet est un défi lancé à la société civilisée. Si les hommes ne se décident pas à agir selon la connaissance profonde qu'ils ont du bien et de la justice, alors la religion, la culture, la tradition de ces millions de Tibétains, de tous ces hommes originaires du Toit du Monde, risquent fort de disparaître. Ce serait alors aussi la défaite de la conscience du bien et de la justice.

Sauvons Guendun, le onzième Panchen-Lama aux mains du Parti communiste chinois ! Sauvons le Tibet ! Faites que nous soyons nombreux à leur apporter soutien et réconfort !

Harry WU
Juin 1999, Texas, États-Unis.

1

Les heures ne seront jamais plus silencieuses

Je suis tibétain, des environs de Shigatse, la deuxième ville du Tibet, située dans la région du Tsang[1]. Né en l'an dragon-terre de notre calendrier (1928), j'ai soixante et onze ans. Le temps a gravé sur mon visage des rides profondes. Mon corps qui porte à tout jamais les cicatrices des tortures endurées dans les geôles chinoises commence à s'épuiser, lentement, mais la lassitude n'a pas encore de réelle prise sur moi. Il me reste cependant quelque chose à accomplir, d'essentiel. Après, après

1. Shigatse est la capitale de la région. Située à environ 300 kilomètres de Lhasa, la capitale du Tibet, et à 3 900 mètres d'altitude, au confluent de la rivière Nyang Shu et du Tsangpo (Brahmapoutre), elle portait initialement le nom de Shika Samdrup Tse. C'est en 1447 que Guendun Drup (1391-1475), le premier Dalaï-Lama, disciple de *Tsongkhapa**, y fonda le monastère de Tashilhunpo. Sous le nom de Gyalwa Rinpoche, il en devint tout naturellement le premier abbé. La bourgade s'est peu à peu développée, les princes de la région en firent leur capitale, et c'est par la volonté de Ngawang Lobsang Gyatso (1617-1682), cinquième Dalaï-Lama, que Tashilhunpo devint la résidence des Panchen-Lama.

seulement, je pourrais songer à ma vie prochaine. Ainsi en est-il de notre *karma** [1]. Nous sommes impermanence et incertitude et notre vie est un océan de souffrances. Le Bouddha dit que nous devons toujours être guidés par la compassion, ce qui ne manquera pas d'influer sur la nature des choses et de nos actes. Il explique également pourquoi une telle attitude est nécessaire, car nous avons tous été un jour, les uns pour les autres, un père, une mère, un frère, un ennemi...

Au moment où débute ce récit, ma famille – une quinzaine de personnes – habite une ferme dans le hameau de Deki Rabdam, à sept kilomètres de Tashilhunpo, au cœur d'une vallée fertile au confluent des rivières Nyang Shu et Dira Shu. Elle cultive de l'orge, des pois, des pommes de terre, des oignons, une sorte de radis noir, un peu de moutarde. On boit du thé salé au beurre rance, et une bière à base d'orge, le tchang [2]. L'hiver, immobile, se déroule selon des rites immuables. Rares sont les occasions de sortir. Une épaisse couche de neige recouvre les terres gelées. Un vent glacial souffle en rafales. L'horizon est bas, le ciel si proche qu'on pourrait y lire dedans. La maison, presque toujours enfumée, sent l'encens, l'orge grillé, le lait chaud de dri – la femelle du yack –, la bouse séchée, et ronronne de prières lancinantes.

Les rires aigus des femmes éclaboussent de joie les soirées auprès de l'âtre. Le foyer, dans la pièce

---

1. Les mots en italique, suivis d'un astérisque, sont expliqués dans le glossaire, p. 225.

2. La médecine tibétaine utilise aussi le tchang comme médicament pour traiter certaines maladies.

principale, est profond ; il est le centre de la vie quotidienne. Des marmites branlantes, tenant par on ne sait quel miracle, y sont suspendues. Le feu y est intense. Les hommes et les femmes, vêtus de leur éternelle *tchouba* – la robe que portent les Tibétains, enfants et adultes –, s'y réchauffent. Le temps reste suspendu aux incantations devant l'autel où brûlent les lampes à beurre, et aux histoires surnaturelles aussi anciennes que la vie, que se racontent les vieux, inlassablement, et que les plus jeunes découvrent, ravis.

Pala – nom familier par lequel nous désignons le père – était intarissable. Je me souviens de ces soirs où, après le dîner, blottis les uns contre les autres, nous l'écoutions des heures durant, captivés par le timbre de sa voix. Parmi tous les récits qu'il savait si bien conter, il en est un qui m'a particulièrement frappé :

« Dans un village isolé situé bien au-delà de Chiang Shar – à une douzaine de kilomètres de Tashilhunpo –, vivaient une mère et ses cinq fils. Le père était mort depuis fort longtemps quand les enfants étaient tout petits, et la femme, désormais seule, devait travailler durement pour les élever.

Les années s'écoulaient, difficiles, sans rien changer à la situation de la famille. Les enfants grandissaient. Ils devinrent des hommes en âge de fonder un foyer. Comme elle ne possédait aucun bien, il était inimaginable que la mère trouvât une épouse pour chacun de ses fils. Elle décida donc de les marier à une seule femme, ainsi que cela se faisait dans les familles paysannes du Tibet[1]. Elle chercha

1. Le mariage polyandrique existe encore au Tibet. Plus rare

longtemps, et finit par trouver une jeune fille si belle que les habitants de la région la prirent pour une princesse ou une divinité envoyée par le ciel pour remercier la pauvre femme de son dur labeur, de son honnêteté et de son respect pour la Loi du Bouddha (*Dharma**). On racontait dans la région que la jeune fille était excellente ménagère et que, avec un courage exemplaire, elle aidait sa belle-mère dans les tâches les plus rudes. Seulement, ce bonheur ne dura pas.

« Peu de temps après leur union, l'aîné de la famille mourut d'une étrange maladie. Dans les quatre mois qui suivirent, la vieille perdit encore deux fils. Peu de temps après, ce fut le tour du quatrième. Restait le plus jeune. Déjà toutes sortes de rumeurs parvenaient aux habitants des hameaux les plus lointains : et si un démon malfaisant habitait la belle ? Rongé par le chagrin, le plus jeune errait toute la journée dans le village voisin. Un matin, il croisa l'un de ses amis qui lui conseilla de répudier sa femme, voire de la tuer, s'il ne voulait pas à son tour succomber au mal qui avait emporté ses frères. L'homme marcha encore la journée entière. De retour chez lui, il s'adressa à elle sur un ton très ferme :

— Tu as tué mes frères. Quitte cette maison, avant que je n'en finisse avec toi ! Et surtout ne reviens jamais ici !

---

cependant qu'avant l'invasion chinoise, cette forme de mariage évite la division des terres. L'aîné est considéré comme le chef de la famille, qui se partage les tâches à la ferme. Dans l'Amdo le mariage est plutôt monogame. La polygamie existait chez les nobles, ce qui leur permettait des alliances matrimoniales.

« Elle le supplia longtemps. La nuit était tombée sur la montagne, et la jeune femme refusait toujours de quitter la demeure conjugale. Enfin, elle se saisit d'une corde, lui demanda de la suivre, sans plus poser la moindre question. Ils s'enfoncèrent dans l'obscurité et marchèrent une bonne heure, jusqu'à un arbre au tronc épais, bien connu des habitants du coin. La belle y attacha son mari avec la corde. Terminant son œuvre par un énorme nœud en forme de *vajra** et neuf autres nœuds ordinaires, elle lui dit :

— Ne fais aucun bruit et observe bien ce qui va se passer...

« Le temps parut interminable à l'homme ainsi attaché. Des bruits sourds lui parvenaient, des animaux sauvages sans doute. Il regarda le ciel, observa l'emplacement de la lune dont il distinguait à peine la forme : il était tout juste minuit. Soudain, il entendit l'éclat de voix féminines qui prononçaient des mots incompréhensibles. Une certitude : ce n'était pas des *mantra**. Le son s'amplifiait à mesure qu'elles s'avançaient vers l'arbre. Des dizaines de femmes d'un hameau proche, et d'autres qu'il ne connaissait pas, passèrent près de lui, à l'effleurer. Il était au bord de l'évanouissement. Elles lui paraissaient toutes si cruelles dans leurs vêtements sombres, avec leurs cheveux épars et leurs canines qui pointaient hors de la bouche. Elles s'assirent en cercle, tout en continuant à déverser des onomatopées incompréhensibles.

« C'est à ce moment qu'il vit sa mère surgir des ténèbres et s'agenouiller au milieu de ces femmes monstrueuses. Les incantations redoublèrent. Le jeune marié frissonna. Que faire ? Hurler ? Il se souvint des paroles apaisantes de son épouse. Soudain, le silence. Sa mère sortit de sa tchouba la peau desséchée d'un homme dont elle frappa violemment la terre gelée. Un nœud de la corde se défit. Deux, trois, neuf fois elle ébranla le sol, avec toujours plus d'acharnement... Les neuf nœuds ordinaires de la corde s'étant déliés, il ne restait plus que celui en forme de vajra qui le retenait au tronc, et qui le maintenait en vie, car il entendit sa mère pousser un hurlement sauvage qui troua la montagne et traversa toute la vallée.

— Pourquoi mon fils n'est-il pas apparu au neuvième coup ? Quelqu'un l'aurait-il averti ?

« Des ricanements suivirent, hystériques, insoutenables. Sa mère, habitée par un démon maléfique, désignait déjà une nouvelle victime. Neuf fois encore elle frappa la peau sur le sol. Apparut un homme qui s'écroula mort aux pieds des femmes qui se jetèrent aussitôt sur le cadavre. Lorsqu'elles eurent dévoré la chair fraîche et sanguinolente, le groupe se dispersa dans la nuit noire. Alors que la lune perçait le brouillard, le jeune homme put enfin se défaire du seul nœud – en forme de vajra – qui le retenait à l'arbre, conscient soudain que son épouse lui avait sauvé la vie.

« Il rentra chez lui, prit sa femme dans ses bras et implora son pardon.

— Tu n'es plus en sécurité dans cette maison, lui dit-elle. Si tu ne veux pas partir loin d'ici, tu dois tuer ta mère.

— Je ferai ce que tu dis.

— Dans ce cas, voici comment agir : son énergie vitale pénètre la vache rousse qu'elle trait tous les matins. Quand, demain, elle te demandera de maintenir le veau à distance, ce sera le moment. En poignardant la vache, tu tueras ta mère...

« Le lendemain à l'aube, le jeune homme descendit à l'étable. Sa mère avait déjà commencé la traite. Dès qu'elle touchait à une mamelle de la vache rousse, les yeux de l'animal devenaient rouge sang. Son corps aussi changeait à mesure que la femme y puisait son énergie démoniaque.

— Puis-je t'être utile ? lui demanda-t-il.

— Bien sûr, mon fils, je suis si lasse.

« Il s'approcha à quelques centimètres et planta violemment son poignard dans la tête de la vache. Le sang jaillit comme un torrent. Au même instant, sa mère perdit connaissance, s'écroula sur la paille et mourut vidée, elle aussi, de tout son sang.

« Le fils transporta aussitôt le cadavre de l'animal au sommet de la montagne voisine et l'abandonna aux vautours. Sur le chemin du retour, il construisit un *stupa** qui abriterait désormais la dépouille de sa mère. Comme il ne possédait pas de peinture dorée pour recouvrir le monument, il alla voir un ermite qui vivait dans une grotte, non loin de l'endroit où il se trouvait. Il lui conta ses déboires et implora sa protection.

— Apporte-moi ce que te donnera la première personne que tu croiseras sur ton chemin, dit l'ermite avant de le congédier...

« L'homme marcha longtemps, déroulant son *mala**, le chapelet qui ne le quittait jamais, et récitant inlassablement *Om Mani Pémé Hum* [1], le mantra de

1. D'après les enseignements, les six syllabes de ce mantra conduisent à la purification des six émotions – orgueil, jalousie, désir, igno-

Chenrezig[1], le *bodhisattva** de la Grande Compassion. Il avait soif et le soleil cuisait sa peau.

« Alors qu'il s'engageait dans un bois, il croisa une jeune fille très belle.

— Où vas-tu de ce pas ? lui demanda-t-elle.

— Ma mère vient de mourir. J'ai construit un stupa tout là haut dans la montagne. Je retourne au village pour trouver de la peinture dorée.

— Je vais t'offrir ce dont tu as besoin...

« La jeune fille lui donna un peu d'urine. Il se mit à rire ; puis il se souvint des paroles de l'ermite : « La première personne que tu croiseras... » Elle avait déjà disparu dans le bois, lorsqu'il rebroussa chemin, un peu à contrecœur il est vrai, craignant surtout que le moine ne se moquât de lui. Ayant perdu pas mal d'urine en gravissant le sentier escarpé, il en restait fort peu quand il parvint à la grotte.

— Allons immédiatement au stupa, lui dit l'ermite.

« Ils marchèrent d'un pas lent jusqu'au monument que le moine badigeonna d'urine. Le stupa se couvrit alors d'une belle couleur dorée. Le fils se sentit enfin apaisé, sa mère pourrait désormais vivre une nouvelle vie, toute de compassion. L'ermite et le jeune homme prièrent longuement, brûlèrent de l'encens et plantèrent un drapeau à prières, avant de laisser ce lieu désormais sacré à la solitude ambiante.

---

rance, avidité et colère – qui sont à l'origine des six royaumes du *samsara**.

1. Chenrezig (Avalokiteshvara, en sanscrit) est le protecteur du Tibet et des Tibétains. Il est également très vénéré en Chine sous le nom de Guanyin, et au Japon sous celui de Kannon, où il est représenté sous un aspect féminin.

« Au moment de se quitter le moine demanda au jeune homme :

— As-tu au moins reconnu celle qui t'a offert son urine ?

— Non, répondit-il, un peu surpris par cette question.

— Ta femme a pris un autre visage pour t'aider une dernière fois.

— Je veux la retrouver.

— Impossible, fit l'ermite. Ton karma n'est pas de vivre auprès d'elle. Venue du pays des divinités et des déités pour mettre fin aux actes maléfiques de ta mère, elle est retournée dans son royaume ; elle ne réapparaîtra jamais plus dans ta vie. »

Plus tard, alors que j'étais devenu un adolescent, pala mit beaucoup de soin à évoquer durant les soirs d'hiver l'histoire de notre pays, le Tibet, expliquant avec force détails les funestes présages de notre souverain, le treizième Dalaï-Lama – décédé en l'an oiseau-eau (1933) – que nous, Tibétains, appelons plutôt Gyalwa Rinpoche, « Précieux Vainqueur » ou encore Kundun, « Présence ». « Il est certain que nous entrons dans une époque d'oppression et de terreur où les jours et les nuits s'éterniseront au milieu de souffrances », avait-il écrit dans son testament politique, quelques mois avant de quitter ce monde. J'avais cinq ans quand il est mort et je n'ai guère de souvenirs de cette année-là. Mais ses paroles prophétiques résonnent encore aujourd'hui en moi. Il avait eu l'intuition de l'obscurité où nous allions bientôt être plongés.

Les conditions de vie sont extrêmement difficiles

au Tibet. Mais le Bouddha enseigne que nous ne devons pas nous laisser entraîner dans la voie du désir. La simplicité est porteuse de paix et de bonheur. La compassion est notre meilleur atout pour affronter les misères de ce monde. Cela ne signifie pas que nous sommes un peuple triste. Bien au contraire, les Tibétains aiment rire, s'amuser, danser, chanter. Cependant notre quotidien est habité par la foi. Nous prions dès l'aube, parfois jusqu'à fort tard le soir. Enfant, alors que je savais à peine prononcer quelques mots, ces sons résonnaient sans cesse en moi, et revenaient, lancinants : *Om Mani Pémé Hum*, le mantra d'hommage à Chenrezig. L'autel est le lieu de la méditation, des offrandes, des prières, des chants sacrés que *mola* – nom familier par lequel nous désignons la grand-mère – entonnait d'une voix aiguë. Les lampes à beurre restaient allumées toute la journée, et je m'attardais souvent à observer les flammes ; les ombres s'entremêlaient sur les représentations des divinités et du Bouddha. Imitant mes aînés, je murmurais ces sons, égrenant moi aussi le mala que m'avait offert mon père. Deux photos attiraient mon attention, celle de Kundun – le treizième Dalaï-Lama –, l'autre de Panchen Rinpoche – le neuvième de la lignée des Panchen-Lama. Pus tard, d'autres photos apportées par pala de Lhasa, rejoindraient l'autel, celles du quatorzième Dalaï-Lama et du dixième Panchen-Lama.

Je parle beaucoup de mon père. Mais je ne peux oublier de mentionner combien le rôle des femmes est essentiel dans notre société. Que ce soit dans notre ferme ou celle de nos voisins, ce sont elles qui dirigent la maison. Dès l'aube, *amala* – terme par lequel nous désignons notre mère – ou mola, parfois une de mes tantes lorsque l'une ou l'autre était souffrante, montait sur le toit, empilait de la bouse de yack séchée et, avec les braises de l'âtre, allumait un feu dans lequel elle jetait de petites branches de genévrier, du cèdre quand il en restait, et toutes sortes d'offrandes – beurre, fruits secs, tsampa – pour éloigner de notre demeure les divinités courroucées et le malheur qui pouvait frapper l'un de nous. L'opération durait parfois plus d'une heure. Et lorsque je montais avec elle sur le toit en terrasse, je devinais alentour les volutes de fumée qui s'élevaient de chaque maison ; l'air s'emplissait alors d'encens et de parfums. Dans la pièce du milieu, la famille se réunissait chaque matin autour de l'autel. Mais il n'était pas un moment de la journée où l'un d'entre nous ne prît la posture du lotus pour prier pour la longue vie de notre souverain. L'hiver, nous profitions beaucoup de la présence de notre père. Nous savions que, les beaux jours revenus, il partirait à la rencontre des caravaniers pour échanger des marchandises contre de la viande de yack séchée et des épices venues de pays que nous n'osions même pas imaginer tant ils nous paraissaient lointains. À cette époque-là, au Tibet personne ne mourait de faim, et plutôt rares étaient les mendiants sur le bord du chemin.

Ce que je me rappelle, ce sont les joyeuses sorties de l'hiver. Les festivités commençaient avec la longue période du losar, le nouvel an tibétain, qui a lieu au moment de la deuxième lune après le solstice d'hiver (février-mars). Le premier jour des cérémonies varie selon les années. Deux semaines avant, amala plantait une jeune pousse d'orge en pot, disposait de la tsampa et des offrandes de blé dans des boîtes en bois décorées de bannières que les anciens préparaient avec du papier doré et du beurre coloré. Ah, ces *torma*[1] ! Que de souvenirs merveilleux surgissent dans ma mémoire ! J'avais cinq ans lorsque *pola* – nom familier par lequel nous désignons le grand-père – me donna pour la première fois un peu de beurre de dri mélangé à de la tsampa que je pus malaxer à loisir jusqu'à former une petite icône que je décorais de pigments de minéraux broyés, verts, rouges, bleus... Plus tard l'habitude venant, et imitant les anciens, je pus en fabriquer de belle taille, y ajouter des pétales, un échafaudage qu'amala disposait fièrement sur l'autel, en répétant *Om Mani Pémé Hum*. Je ressentais alors une immense fierté et, m'emparant de mon mala, je récitais des dizaines de mantra dont je ne comprenais toujours pas le sens, mais dont le murmure si souvent répété me transportait totalement.

Le vingt-neuvième jour du douzième mois lunaire est consacré au grand nettoyage. Les ordures et les déchets ménagers sont transportés, la nuit tombée, de préférence à la croisée des chemins, et disposés de telle sorte qu'ils éloignent les mauvais esprits. Ce jour-là est aussi consacré à éponger les dernières dettes de l'année ou à restituer ce qui avait été emprunté. Rivalisant de coquetterie, les hommes et

1. À Lhasa et dans les grandes villes, les torma peuvent atteindre des tailles gigantesques : bâtis sur des échafaudages, ils représentent des dragons ou des figures mythiques du bouddhisme tibétain.

les femmes se mettent sur leur trente et un, enfilent des vêtements neufs et se parent de leurs plus beaux bijoux. La coutume veut que nous en portions tout le temps, peu importe leur valeur – un de nos dictons dit qu'une femme qui ne porte pas de boucles d'oreilles renaîtra en âne lors de sa prochaine vie ; ce qu'on ne dit pas des hommes [1]. Les plus pauvres nettoient leurs habits comme ils peuvent. La tchouba, attachée par une grosse ceinture au-dessous de la taille, sent bon, au moins pour quelques jours, les loques aussi ; elle ne nous quittera plus jusqu'à l'année prochaine, car elle sert à tout : le jour, elle nous protège du froid, la nuit, elle fait office de couverture. Pas question de la retirer quoi qu'il arrive. La tchouba est une seconde peau. Les plus démunis en changeront quand elle ne sera plus qu'une mince pellicule de tissu effiloché sur leur corps.

Toutes les habitations connaissent une animation extraordinaire. Les tissus de brocart ou de satin qui ornent les images des divinités sont remplacés, tout comme les drapeaux à prière fixés à des pieux aux quatre angles du toit. Les monastères bruissent d'une excitation inaccoutumée. Les danses se succèdent. Les tambours résonnent de coups sourds, les trompes sonnent leurs lamentations et les cymbales s'entrechoquent. Les villageois réunis autour de leur chef et des moines du monastère voisin se déchaînent, portés par les hurlements frénétiques des danseurs qui chassent au loin les influences négatives ou maléfiques de l'année écoulée.

1. L'homme la porte uniquement sur l'oreille gauche. Les aristocrates peuvent en porter deux.

Le soir du vingt-neuvième jour du dernier mois, la famille s'attable dans la joie. Quatre moines de Tashilhunpo nous ont rejoints. Nous partageons la soupe, *gouthouk*, épaisse et délicieuse avec des boulettes dans lesquelles mola a glissé de minuscules objets de bois ou de laine, des pièces, des dés, des miniatures représentant une divinité protectrice. La maison s'est soudainement emplie de rires et d'exclamations joyeuses. Les palabres aussi vont bon train : les anciens expliquent aux enfants la signification de chacune de leurs découvertes. Et c'est dans une ferveur tranquille que, vers minuit, nous nous consacrons aux dernières incantations de l'année et invoquons les divinités pour qu'elles protègent nos proches, nos amis et nos ennemis. Ce soir-là, dans mon excitation émerveillée, j'avais beaucoup de mal à trouver le sommeil ; je n'étais pas le seul enfant dans ce cas. Beaucoup plus tard, cette époque devint pour moi une source où puiser la force de résister aux souffrances les plus atroces.

Depuis plusieurs années déjà, les familles des environs nous rendent visite à l'occasion de losar, notre Nouvel An. Nous faisons de même, allant de voisin à voisin. Les échanges de *khata** et de nourriture sont accompagnés de vœux, dans la bonne humeur générale. Les jeunes offrent la khata aux anciens, les enfants à mala et mola, les serviteurs aux maîtres, qui les leur rendent le dernier jour du losar. Tout le monde, riche ou pauvre, prépare des *khabsé*, les gâteaux frits à base de farine. Chez nous, c'est mola qui dirige les opérations culinaires, entourée des femmes de la maison et des plus âgées des filles. Les autres enfants jouent près de l'âtre ou dans la pièce voisine, assis en cercle sur un tapis.

Le thé coule à flots, le tchang aussi, que l'on sert sucré et bouilli. Après seulement vient la nourriture spirituelle, chacun se retirant dans la pièce où se trouve l'autel et se prosternant devant les divinités. Et puis on danse et on chante une partie de la nuit.

Enfant, je n'aimais guère rester avec les gamins de mon âge, même si je participais à la plupart de leurs jeux. Au moment de losar, mon père quittait la maison dès l'aube et accompagnait les voisins jusqu'à la colline la plus proche de notre village ; un peu plus d'une heure d'une marche épuisante pour les enfants qui les suivaient. Le soleil laissait percer de timides rayons ; un vent glacial transperçait nos vêtements. Au sommet, le chef du village faisait allumer un feu que les grands entretenaient avec des branches de genévrier et de la graisse. Après la cérémonie du thé, ils passaient un long moment à repeindre le *chörten** et à changer les drapeaux à prières – aux couleurs traditionnellement blanches, bleues, rouges, jaunes et vertes – qui, exposés l'année durant aux intempéries, ont été ternis et déchirés par les tempêtes de poussière et de vent. Alors que les garçons de mon âge jouaient aux dés, je m'installais seul à proximité du feu et j'imitais les adultes en reconstituant un autel avec des cailloux, sur lequel, l'ouvrage terminé, je plantais un vieux tissu ou un morceau de khata usé. J'y disposais toutes sortes de reliques, une dent perdue, une mèche de cheveux, un tissu encore imprimé d'un texte sacré, un mala que m'avait donné un moine de Tashilhunpo, mes secrets non partagés.

Vient ensuite le temps où l'on ensemence les

terres, puis celui de la moisson. Une longue période où les animaux ont quitté les étables pour la plaine, surveillés par d'énormes mastiffs tibétains et des garçons ou des filles de six ou sept ans à peine. Le printemps est le moment où pala s'absente quelques jours, parfois plusieurs semaines. Deux ou trois fois par an, il rend visite à des cousins à Shigatse, en profite pour aller voir son frère, moine au monastère de Tashilhunpo, rencontre d'autres membres de la famille et des amis à Lhasa et à Gyantse. Avec d'autres cavaliers du village, il se lance aussi à la rencontre des caravaniers, sur les pistes qui mènent au Sikkim. Je passais alors de longs moments à guetter son retour. Il montait toujours un cheval tacheté de blanc reconnaissable entre tous par son trot lent et chahuté, terriblement calculé, qui lui permettait de parcourir de très longues distances sans épuiser sa monture.

Nous connaissions des jours heureux à Deki Rabdam, un village paisible de la vallée. La vie y était pourtant rude, avec son lot quotidien de souffrances, de malheurs et de bonheurs partagés par tous ; portés par une foi profonde, nous nous soutenions dans les moments les plus délicats, mais notre joie éclatait quand des événements heureux survenaient à l'un de nous. Dès les premiers rayons de soleil, les habitants se rendaient au bord de la rivière Nyang Shu, montaient d'immenses tentes blanches, ornées de têtes représentant les divinités. L'autel y trouvait tout naturellement sa place. Des moines passaient régulièrement et s'installaient sur un tapis, au pied des statuettes sacrées et lisaient des textes, une tradition que toutes les familles respectaient, pauvres ou riches, car la plupart des Tibétains, nomades ou agriculteurs, ne savaient ni lire ni écrire. Les femmes leur servaient le thé et ils partageaient le repas avec nous. J'aimais ces moments de méditation, de réflexion sur les enseignements du Bouddha. J'avais enfin atteint l'âge où je comprenais le sens des mantra. Je ne quittais plus un autre mala que mon oncle, moine à Tashilhunpo, m'avait donné et que lui-même avait reçu d'un proche du neuvième Panchen Rinpoche. Lorsque les moines étaient là, les repas étaient améliorés. Un mouton, une chèvre, exceptionnellement un yack, était abattu, et améliorait la tsampa à laquelle mola avait ajouté des pois. Un régal ! Mais l'été, je me servais volontiers d'un morceau de yack[1] qui séchait depuis plusieurs semaines déjà à l'arceau de la bâche. Avant de trancher un dé de viande, il fallait taper dessus pour dépoussiérer la carcasse.

Chaque après-midi, je rejoignais mes compagnons de jeux, garçons et filles du village et des hameaux voisins, pour de longues parties de cache-cache, des batailles de cerfs-volants et des baignades à l'endroit précis où la rivière Dira Shu se jetait dans la Nyang Shu. Il arrivait souvent que nos jeux se transformassent en batailles rangées ou en véritables guerres de tranchées lorsque nous usions avec habileté de nos frondes pour éloigner nos ennemis d'un jour. Le calme revenu, nous nous défaisions de nos habits et nous nous jetions gaiement dans l'eau glacée de la rivière, à un endroit où le courant était si lent que nous pouvions y construire à loisir des habitations

1. Les Tibétains font également sécher ainsi au soleil les carcasses de chèvre, de mouton, et le fromage de dri.

pour les poissons qui nous côtoyaient sans inquiétude.

Un groupe d'une dizaine de garçons, auquel je me joignais volontiers, se mettait souvent en retrait des autres. Assis en cercle, nous commencions alors le lent modelage de miniatures avec la tsampa que chacun portait dans un sac accroché à la ceinture de sa tchouba. Que nous construisions un autel ou la fondation d'une ferme avec ses animaux et ses habitants, nos jeux étaient inconsciemment pénétrés de cette foi qui nous habitait dès la naissance et nous accompagnait jusqu'à la fin de notre vie. Parfois, l'un de nous récupérait les rotules d'un animal abattu par sa famille. Séchés, limés à l'aide d'une pierre, puis colorés, ces osselets étaient utilisés pour un jeu qui pouvait durer l'après-midi entier : le but était d'atteindre l'osselet le plus éloigné sans toucher les autres. Comme nous avions utilisé la poignée de tsampa à des fins autres que la nourriture, nous nous munissions de quelques dés de yack ou de fromage séchés que nous laissions fondre dans la bouche ; personnellement, je raffolais d'une racine au goût de châtaigne et aux allures de crayon boursouflé ou de scorsonère qui remplaçait le sucre, fort rare dans cette région, et de fruits, lorsque nous en avions à la ferme : il y avait le long des fleuves quelques abricotiers et des pêchers dont les fruits mûrissaient difficilement et que nous faisions également sécher au soleil.

Comme il est de tradition au Tibet, mon frère aîné – il avait trois ans de plus que moi – rejoignit le monastère de Tashilhunpo, où mon oncle devint son tuteur : nous étions en l'an cochon-bois (1935) de notre calendrier. Un profond chagrin m'envahit lorsque je remis une khata à mon frère, et qu'il appuya longuement son front contre le mien. Alors qu'il emboîtait le pas de pala, et que la demeure était encore tout imprégnée de sa présence, le sacré reprit aussitôt ses droits : mola avait fait brûler un peu plus d'encens qu'à l'accoutumée, les lampes à beurre avaient été allumées plus tôt que d'habitude, et mes proches avaient commencé à prier un peu avant l'aube. La ferveur masquait notre chagrin. Mais au moment de son départ une larme mouilla mes paupières, que j'essuyai discrètement du revers de ma tchouba. Je calculai qu'il leur faudrait presque trois heures pour atteindre le monastère. Pala devrait être de retour avant la tombée de la nuit. Dès le milieu de l'après-midi, je m'installai sur une grosse pierre, au sommet d'une butte pout scruter l'horizon.

Quand j'eus reconnu l'allure chaloupée de son cheval, je dévalai la colline pour l'attendre à l'étable. Sans mot dire, pala s'occupait de sa monture ; puis, il me prit tendrement par l'épaule et, m'entraînant sous un arbre à l'abri duquel nous nous assîmes, il rompit enfin le silence.

Lorsque mon père termina son récit sur l'origine des Panchen-Lama [1], j'étais bien loin de m'imaginer que l'histoire de Tashilhunpo pèserait à ce point sur les événements de mon pays et sur ma vie. Ce qui suit n'en est que le simple témoignage.

---

1. Voir Annexes.

2

Le vieil homme et l'enfant

J'avais neuf ans en l'an bœuf-feu (1937). Le Japon était entré en guerre contre le Kuomintang de Chang Kaï-shek. Comme la grande majorité des habitants, nous ne nous sentions pas concernés par ce conflit. J'étais à l'époque bien trop jeune pour comprendre, mais nous, Tibétains, nous n'entendions pas grand-chose à ce qui touchait de près ou de loin à la politique et à ses conséquences. Je peux même dire que trop rares étaient ceux qui savaient et qui avaient pris conscience des dangers que nous encourions. Erreur fatale, hélas ! Quelques années après, nous allions le payer au prix fort, et les prédictions du treizième Dalaï-Lama se révéleraient malheureusement exactes.

Cette année-là pourtant, je fus confronté pour la première fois aux événements chaotiques de notre pays, gouverné alors par le régent Reting Rinpoche. La corruption était partout, au cœur du pouvoir, dans la société civile, au sein même des institutions monastiques. Engagé dans une politique financière désastreuse, Reting conduisait le pays à sa perte. L'inflation était à son comble. Le régent avait fait imprimer des billets de cent *sang*, alors que le treizième Dalaï-Lama n'en avait jamais produit d'une valeur supérieure à sept sang et demi. Tout allait mal, et la plupart des produits de base manquaient. L'ambition des uns n'ayant d'égale que la vanité des autres, la population souffrait de plus en plus. Elle subissait la terreur, les manipulations, les dénonciations, les turpitudes de ceux qui nous gouvernaient en l'absence de souverain[1].

Tashilhunpo était évidemment touché. Les trois régions du Tibet, l'Amdo, le Kham et le Tsang, pleuraient aussi des larmes de sang. Comme tant d'autres, ma famille vivait dans la peur. Pala avait quitté Deki Rabdam au mois d'août, au moment des pluies, et alors que l'hiver approchait, il n'était toujours pas revenu. Chaque jour, nous priions avec ferveur, espérant que rien d'irréparable ne lui fût arrivé. Je passais des heures à scruter l'horizon, en vain. Un étrange pressentiment me poussait à croire au retour de mon père. Je justifiais cette imperceptible certitude par le fait que des événements très graves avaient dû se produire, qui le maintenaient au loin. Je ne partageais guère mes impressions avec les autres membres de la famille. Il m'arrivait même de marcher des journées entières le long de la rivière, m'engageant sur des pistes jusqu'alors méconnues. Je croisais des nomades qui me poussaient à retourner

---

1. À ce moment du récit, le témoin ne pouvait pas savoir que l'enfant-réincarnation du treizième Dalaï-Lama, décédé en 1933, venait d'être trouvé dans une famille paysanne de Taktser, dans l'Amdo (actuel Qinghai chinois).

à la ferme. Faisant fi de leurs précieux conseils, je me laissais volontiers surprendre par le coucher du soleil, me réfugiant alors dans l'escarpement d'un fossé, au creux d'un rocher, au pied d'un chörten, persuadé que les divinités me protégeraient. Un froid glacial me transperçait. Roulé en boule dans ma tchouba, je finissais malgré tout par m'endormir.

Un début d'après-midi de fin décembre de l'an bœuf-feu, j'étais installé au sommet de la colline qui dominait le village. Un vent violent fouettait mon visage ; les drapeaux à prières claquaient si fort que je fus obligé de poser de grosses pierres au pied des pieux qui penchaient dangereusement. Vers seize heures, alors que je venais de terminer, avec de la tsampa, le modelage d'un personnage ressemblant à mon père, le soleil avait tourné autour de moi et le vent s'était apaisé un peu. Je sentis soudain comme une présence. Je levai la tête ; il n'y avait personne en cet endroit. Une fois de plus, mes yeux se portèrent sur la plaine qui, en direction de Shigatse, se fondait dans le bleu intense de l'horizon. Plissant les paupières au point que mes yeux n'étaient plus qu'une fente étroite perçant le lointain, je le vis…

Là-bas, cette ombre fine, mouvante, rompait avec le liséré de lumière qui s'assombrissait rapidement. Le soir approchait et allait à sa rencontre, dans l'obscurité naissante. Dans la plaine, les couleurs s'estompaient, convergeant toutes vers le noir. Et puis, il y avait ce mouvement saccadé, une tache dans l'immensité, un point dans mon regard qui chaloupait. Plus rien ne pouvait m'indiquer la distance à laquelle elle se trouvait ; elle accompagnait le cours de la rivière depuis un certain moment déjà. Le point grossissait, lentement ; et la nuit le rattrapait, inexorablement. Le ciel s'enflamma et la terre se couvrit d'un mélange teinté de rouge et d'orangé, comme une braise qui s'éteint doucement.

Je dévalais la colline, me lançant à sa rencontre, trébuchant sur les pierres qui se dérobaient sous mes pas, déchirant ma peau qui saignait et me brûlait. Quelle importance ! Cette ombre que je devinais à peine ne pouvait être que lui, pala. Mon cœur battait à rompre. Je courais maintenant, aussi vite et aussi longtemps que mes forces purent me porter, atteignant au bord de l'asphyxie le chemin qui suivait la rivière. L'ombre se fit plus précise, un homme sur un cheval, une monture blanc tacheté, reconnaissable entre toutes. Je me jetai sur le flanc de l'animal. Accroché à ses jambes, mon père me hissa sur la selle. Pala était de retour...

La famille était rassemblée autour de l'âtre, priant et attendant que mon père se décidât à nous parler, à nous confier ce qu'il avait vécu durant une si longue absence, une partie de ses secrets peut-être. Il resta longtemps ainsi, sans bouger, sans esquisser le moindre geste, sans quémander un quelconque réconfort, totalement abandonné à la densité du feu qui réchauffait son corps ; il avait terriblement maigri et son visage était meurtri par la souffrance. Pala refusa même le thé qu'amala lui avait servi à son arrivée. Seuls ses yeux allaient et venaient, scrutant le cœur des flammes qui couraient le long du mur, errant dans les profonds méandres de la souffrance. Son silence était sans doute une sorte de quête pour mieux comprendre tout ce qui était arrivé, l'enchaînement des funestes événements... Une certitude :

personne ne pouvait l'aider. Nous attendions, patiemment. Mola entretenait les lampes sur l'autel. Tous égrenaient leur mala, dix fois, cent fois... La maison sentait l'encens et était imprégnée d'une ferveur intense. Les heures s'écoulaient, terriblement longues, impressionnantes.

Au lever du jour, mon père s'assit en tailleur, imposa le silence à ceux qui priaient. La gorge serrée par l'émotion, il nous dit :

— Panchen Rinpoche est décédé au mois de novembre à Jyekundo, entouré de ses fidèles. Mon fils Sonam a quitté Tashilhunpo quelques jours après les fêtes du *Mönlam Chenmo** pour rejoindre Rinpoche. Longeant le Tsangpo, il s'est d'abord rendu à Tsethang, puis à Gyatsa Pomé ; là, il a croisé une caravane qui se dirigeait vers Lhasa et a laissé à un des marchands un message à notre attention. Plusieurs semaines plus tard, on l'a retrouvé longeant la rivière Yalong. Alors qu'il était sur le point d'atteindre Kantse – un village du Kham situé à flanc de colline, à 3 581 mètres d'altitude, et à plus de mille kilomètres de Shigatse, la capitale du Tsang –, Sonam a été pris à partie avec deux autres novices par les hommes de Liu Wenhuei, le seigneur de guerre qui terrorise toujours la région. Un nomade a récupéré les corps et les a transportés, à dos de yack, à l'un des monastères de Kantse, où des moines ont immédiatement organisé une cérémonie avant de les confier au dépeceur[1].

Une chape de plomb était tombée sur notre demeure. Les femmes pleuraient ; les hommes

1. Cette fonction s'exerçait traditionnellement de père en fils ; la famille, considérée comme impure, vivait de ce fait hors du village.

essayaient d'être attentifs au récit de mon père. Nous récitions sans interruption le mantra *Om Mani Pémé Hum*, les mala roulaient nerveusement entre les doigts. Comme j'étais assis tout près de lui, pala me serrait par moments le bras très fort, comme pour retenir encore un peu son émotion et masquer son terrible chagrin. La coutume voulait qu'en cas de décès d'un proche, d'un *lama** ou de notre souverain, la famille entrât en deuil pour quarante-neuf jours. Il en fut de même à Lhasa, où les membres du gouvernement, le *Kashag**, l'imposèrent aussitôt la nouvelle connue. À Tashilhunpo, les moines pleuraient leur maître. Dès qu'ils furent informés de la disparition de Panchen Rinpoche, et malgré les événements qui l'avaient à tout jamais éloigné d'eux, les habitants de Shigatse respectèrent aussi cette période de prières qui devait accompagner le défunt vers sa nouvelle vie. Cependant, toutes sortes de rumeurs circulaient dans la cité : on évoquait le probable retour du corps du neuvième Panchen-Lama à Tashilhunpo, mais personne n'était capable de dire quand. De passage dans la région du Tsang, des voyageurs racontaient le courage des religieux qui erraient entre Jyekundo et Kantse, protégeant leur défunt maître en se battant de toutes leurs forces contre les troupes du Chinois Liu Wenhuei. La douleur était à son comble, la confusion totale, l'atmosphère pesante.

Il faut dire que les relations sino-tibétaines étaient fort complexes. Elles trouvaient leur origine dans la théorie du lien de *chöyön*[1] entre le pouvoir tibétain

1. Le terme *chöyön* est la combinaison de deux mots : *chöne*, « celui qui est digne d'être un objet de vénération » – par exemple

et l'Empire. Le terme évoquait une relation symbiotique entre une personnalité religieuse et un protecteur laïc – en la circonstance le Dalaï-Lama, chef spirituel et temporel du Tibet et l'empereur –, en tous les cas une relation bien éloignée de ce qui liait un sujet à son souverain. Jusqu'alors, les deux nations trouvaient amplement leur compte dans une coexistence toute de compromis et d'ambiguïtés, voire d'affrontements larvés, avec toutefois un point commun, la méfiance à l'égard des étrangers.

Chaque soir de cette longue période de deuil, pala évoquait l'histoire de Chökyi Nyima[1], le neuvième Panchen-Lama, et expliquait les raisons pour lesquelles mon frère Sonam avait essayé de le rejoindre à Jyekundo, aux confins du Kham – à environ six cents kilomètres de Kantse.

Ma famille avait toujours connu un Tibet aux prises avec toutes sortes de turpitudes, les ambitions des uns s'opposant ou s'alliant selon les circonstances aux désirs d'annexion des autres, et les quêtes soi-disant mystiques ou spirituelles se confondant avec des fins purement personnelles et familiales, le tout dans une ambiguïté subtilement entretenue par les abbés des monastères, des Rinpoche et quelques membres du gouvernement, y compris certains régents. À cette époque, beaucoup de moines avaient quitté notre région du Tsang pour rejoindre leur chef spirituel qui, depuis l'an bœuf-fer

---

un lama ou une divinité –, et *yöndag*, « celui qui donne des offrandes » – c'est-à-dire un protecteur.

1. Voir Annexes.

(1937), s'était installé à Jyekundo. La fidélité au Panchen-Lama coûta la vie au plus grand nombre d'entre eux. Ce fut le cas de mon frère Sonam, dont le cadavre dépecé – bras, jambes, tronc, cœur, foie... – fut jeté dans les eaux de la rivière Yalong, et dévoré par les poissons.

Comme dans toutes les familles bouddhistes tibétaines, les miens aussi se référaient constamment au karma. Pola, mola, pala et amala, les êtres qui, alors que j'étais encore un enfant, m'étaient les plus proches, me montraient combien à chaque instant de notre existence l'impermanence était manifeste ; rien n'était stable et le hasard n'avait aucune place. Persuadés que chaque événement découlait d'un précédent, il n'en restait pas moins que nous ne prenions pas toujours conscience de nos actes, de nos comportements, passés et présents ; une telle attitude ne pouvait que nous entraîner vers le malheur. Cette loi de causalité existait aussi, sur un plan plus général, pour notre pays, pour notre peuple, et, il faut bien l'avouer, nous eûmes tous à en supporter les terribles conséquences. La mort de mon frère nous affectait beaucoup ; mais pala nous expliquait que, malgré le chagrin et les souffrances, notre famille devait refuser la haine et toujours chercher à développer amour, bonté et compassion.

Tout au long des jours durant lesquels mon père passait de longues heures à raconter ce qui s'était produit près de Kantse, la colère et la révolte l'emportaient plus souvent dans mon cœur que la tolérance, mais je retrouvais mon calme, et une sorte de plénitude, lorsque je m'installais avec les miens devant l'autel et que je récitais plusieurs dizaines de fois le mantra de Chenrezig, *Om Mani Pémé Hum*.

Bercé par les histoires tour à tour tragiques et merveilleuses de mon père, le temps passait, lentement, dans le chagrin et la ferveur.

À Kumbum était né, bien des siècles plus tôt (an oiseau-feu, 1357), un enfant qui portait le nom de Tsongkhapa. Une famille de nomades avait installé sa tente dans ce coin désertique, juste à côté d'un point d'eau. La légende dit qu'au coucher du soleil une jeune femme enceinte bêchait un lopin de terre et ôtait avec soin pierres et cailloux, afin de pouvoir, avec des gestes minutieux, planter chaque petit espace libéré de quelques légumes. L'air s'emplit soudain d'un doux parfum de fleurs et le ciel se teinta de couches finement dorées. La femme arrêta son labeur et son regard se fondit dans l'horizon. Alors qu'elle avait la sensation d'être transportée par-delà les cimes enneigées, vers la lune, ronde et pleine, qui entourait la crête, la Tibétaine sentit les premières douleurs de l'enfantement. Dubchen Karma Dorje, un lama qui passait à quelques pas et qui l'observait depuis un petit moment déjà, lui vint aussitôt en aide : la jeune femme mit au monde un petit garçon.

Lorsque l'enfant poussa son premier cri, le lama dit :

— Prends soin de cet endroit où vient de naître ton fils ; conserve-le intact et n'y plante rien qui puisse le polluer. Un jour, des pèlerins y afflueront, car ton enfant connaîtra un destin exceptionnel.

Très vite, le petit Tsongkhapa se sentit attiré par les textes sacrés. Il entra donc au monastère, où il se révéla studieux et particulièrement éveillé. S'il étudiait avec intensité, sa curiosité permanente le poussa bientôt à quitter sa région pour aller à la rencontre des plus grands maîtres des différentes écoles bouddhistes*.

Le jour même où Tsongkhapa entra au monastère, un arbre se mit à pousser à l'endroit même où sa mère lui avait donné le jour [1]. Au début, personne ne trouva la moindre explication : il était si étrange de voir un santal blanc s'élever en ce lieu désert, fréquenté de temps à autre par quelques nomades qui menaient au point d'eau leur troupeau de yacks et de moutons. Après leur départ, de très longs mois s'écoulaient parfois avant d'y revoir âme qui vive. Cependant, un matin, alors que cette famille de nomades s'y trouvait encore, un moine passa tout près du lopin de terre et, apercevant la mère de Tsongkhapa, s'approcha.

— Je m'appelle Amdo, lui dit-il. Voici quelques semaines, dans mon sommeil, j'ai rêvé de cet endroit. Quelqu'un m'y parlait, me demandant de me mettre immédiatement en route et de trouver les premières pousses d'un santal. M'y voici rendu, et ce sont déjà les secondes qui s'épanouissent. Je suis chargé de veiller sur cet arbre. M'autoriseriez-vous à rester ici ?

— Venez, lui répondit-elle. Vous m'aiderez aussi à garder ce lopin propre…

La jeune femme se mit à raconter au moine ce que lui avait dit le lama au moment de la naissance de son fils. Le religieux se fabriqua un abri. Une fois installé, il passait la majeure partie de la journée à prier au pied de l'arbre. Le santal s'épanouissait, et

1. On dit aussi que le sang provenant de la coupure du cordon ombilical ou le placenta donna naissance à l'arbre.

le moine ne manquait jamais de s'étonner en l'observant : ses feuilles avaient une forme bien particulière, semblable à des pétales de rose. Dans notre pays de légendes et de mystères, rien d'étonnant, dès lors, à ce que la nouvelle de l'existence de cet arbre d'exception se répandît dans les environs. On vit de plus en plus de curieux visiter l'endroit ; mais le moine montait bonne garde, empêchant quiconque de toucher une branche, une feuille... Le vent qui soufflait en permanence y portait même une vague d'émotions intenses.

Pendant toutes ces années, la réputation de Tsongkhapa ne cessa de se répandre, jusqu'à atteindre la lointaine Chine. En l'an souris-terre (1408), l'empereur de la dynastie Ming[1] l'invita même à Pékin ; mais le fondateur des *Gelugpa** – la nouvelle lignée du bouddhisme tibétain – préféra cette année-là inaugurer, dans le temple principal du Jokhang, le Mönlam Chenmo, que, depuis, les Tibétains célèbrent les quinze premiers jours suivant le Nouvel An. Durant l'une de ses retraites (1402 à 1405), Tsongkhapa rédigea au monastère de Reting le *Lamrin Chenmo*[2], une œuvre inspirée qui servit à imposer ses réformes et son autorité dans le mouvement qu'il venait de créer.

Sa mère ne l'avait plus revu depuis fort longtemps et souffrait de l'absence prolongée de son fils, lorsqu'un jour, elle confia à un marchand un message dans lequel elle exprimait toute sa tendresse, et aussi son chagrin : « Mon fils, je n'ai plus posé les yeux sur toi depuis ton départ au

1. Cette dynastie régna de 1368 à 1644 sur l'Empire chinois.
2. Traduction : « Synthèse de la doctrine ».

monastère. Tu n'étais encore qu'un enfant. Tu as désormais une sœur, ta cadette de quelques mois. Aujourd'hui, je ne suis qu'une vieille femme pliée par le poids des ans qui ne rêve que d'une seule chose avant de quitter ce monde : revoir une dernière fois le fils dont on parle tant. Voilà un an déjà que pala est mort. Et puis ici, dans l'Amdo, ils sont si nombreux à vouloir recevoir tes enseignements... »

Le message parvint à Tsongkhapa qui se trouvait alors dans le centre du Tibet, à une distance considérable de l'endroit où vivait sa famille.

— Ce ne sont pas les difficultés qui me retiennent d'entreprendre un tel voyage, dit-il au messager, mais son inutilité...

Au cours d'une méditation, le maître avait perçu que son retour en Amdo servirait à bien peu de chose, à un moment où ses réformes se heurtaient à l'incompréhension de beaucoup, à la perfidie de certains. Il se contenta donc de remettre au marchand une lettre pour sa mère, à laquelle il ajouta deux images : la première, pour amala, le représentait ; la seconde, pour sa sœur – *achala* – était une représentation de Manjushri[1], le bodhisattva de la connaissance suprême.

— Maître, n'as-tu rien à dire au moine ? Sa

1. Le culte de Manjushri est très répandu dans le *mahâyana*, « Grand Véhicule » (voir « Écoles bouddhistes », dans le glossaire). Il aurait été à son origine un personnage historique, déifié par la suite. Les grands penseurs, Padmasambhava et Tsongkhapa, sont considérés comme des émanations de Manjushri. (La tradition veut qu'il soit ainsi représenté : dans sa main droite, il tient une épée pour trancher l'ignorance ; dans la gauche, un livre posé sur un lotus.)

fidélité à ta famille est exemplaire, et il veille depuis tant d'années sur le santal aux feuilles étranges.

— Remets-lui simplement cette image de Demchok[1] se dressant debout dans un halo de flammes sur le disque du soleil qui, lui-même, repose sur un lotus. S'il comprend mon message, il fera davantage encore pour cet arbre.

— Et les villageois ?

— Raconte aussi à ce moine les détails de notre entretien. S'il lui vient à rêver encore, le feuillage sera pour eux source de merveilleux souvenirs.

Le messager s'en retourna. Plusieurs semaines après, il put raconter ce que lui avait confié Tsongkhapa. Le moine écoutait avec attention son récit. Soudain, alors que son regard se faisait plus perçant, il s'écria :

— Mais oui, quelle évidence !

Et il prit les jambes à son cou, jusqu'à la tente où la mère de Tsongkhapa préparait de la tsampa.

— Amala, je me suis comporté comme un sot. Je dois vous avouer quelque chose d'important : la pousse dont je devais m'occuper était votre fils. Il n'est cependant pas trop tard pour le servir mieux encore. Je consacrerai dorénavant ce qui me reste à vivre dans ce monde, à bâtir ici un monastère pour les Gelugpa. Il est cependant inimaginable que toutes ces années n'aient servi à rien. Je suis sûr

1. Cette divinité à quatre têtes – jaune, bleue, verte et rouge – est considérée comme la forme courroucée de Chenrezig. Généralement représentée avec deux ou douze bras, son corps est bleu. Elle porte une peau de tigre autour de la taille, une peau d'éléphant sur le dos. Parée d'ornements en os, elle porte également une tiare constituée de crânes et, autour du cou, un collier de cinquante et une têtes fraîchement coupées.

maintenant que cet arbre renferme un secret et qu'il a un pouvoir mystique.

Pour la première fois depuis tant d'années, le moine déroula une des feuilles tombée sur le sol. Et là, quelle surprise ! Sur une face, il découvrit l'effigie de Manjushri ; sur l'autre, le mantra *Om Mani Pémé Hum*.

Lorsque pala conta cette légende, il me dit que l'arbre était toujours là ; seulement, depuis, les Tibétains avaient construit, autour de lui, le monastère de Kumbum, la lamasserie aux « cent mille images » que l'arbre offrait chaque année aux nombreux pèlerins bouddhistes, disciples ou non de Tsongkhapa.

Pala évoqua alors le fondateur des « bonnets jaunes [1] » dans une prière de Gyalwa Guendun Gyatso, le deuxième Dalaï-Lama, prière qui devait m'accompagner le reste de ma vie :

Pour ceux d'entre nous qui n'ont pas mené une vie sage,
Et n'ont pas cultivé intérieurement la maturité spirituelle,
Quand le Seigneur de la Mort viendra nous dévorer,
Les vents hurlants de nos mauvais karma
S'élèveront avec force, et nous pousseront énergiquement
Vers les falaises surplombant de terribles contrées.
Les karma négatifs qui pèsent sur notre dos,
Accumulés par les renaissances depuis des temps sans commencement,

1. Nom donné aux Gelugpa par opposition aux Nyingmapa qui, eux, portent un bonnet rouge.

Seront aussi lourds que l'énorme Roi des Montagnes.
Aussi, nous ne pouvons espérer la moindre once de certitude
Qu'une renaissance inférieure ne sera pas notre destin.
Nous aurons beau nous raccrocher à notre santé et à nos biens,
Et en appeler à une centaine d'êtres aimés et d'amis,
Il faudra s'en aller les mains vides, et seul,
Dans le tunnel du grand devenir.
Ne pas développer à chaque instant cet état de conscience
Est le signe d'un esprit éloigné du chemin.
Ô Lama Tsongkhapa, Guru à la bonté incomparable,
Inspire des pensées de vérité à ce mendiant profane.

L'homme s'était arrêté au pied d'un rocher. Il y appuya son arme, un fusil anglais, puis il s'assit. Son regard se porta vers l'horizon, vers un pan de ciel où un rayon de soleil traversait les nuages. C'était la saison des pluies. Les pistes étaient dangereuses. L'homme ferma les yeux et s'endormit. Lorsqu'il s'éveilla, je me tenais près de lui.

— D'où viens-tu ? demandai-je.

— De Lhasa, répondit l'étranger.

Il me raconta qu'il avait quitté la capitale trois semaines plus tôt pour Tashilhunpo. Il espérait y retrouver un lointain cousin. Tout le reste de sa famille avait été décimé à Kantse, après avoir subi d'atroces tortures. Un violent orage l'avait détourné du chemin. Épuisé par une trop longue marche, il s'était retrouvé en ce lieu, où il pensait passer la nuit à l'abri d'une grotte, d'un arbre, peut-être sous la tente d'un nomade. Nous parlâmes du Panchen-Lama, de mon frère Sonam, de mes proches. Je l'invitai à me suivre.

Notre ferme se trouvait à vingt minutes, d'une marche pénible. Comme chaque été, à la saison des pluies, la tombée du soir sur Deki Rabdam était soudaine. Elle s'emparait des ombres et la lumière désertait la vallée. Une pluie lourde, oblique, nous cinglait le visage. Nous étions trempés, lorsque nous parvînmes à la maison. L'étranger fut aussitôt entouré des soins d'amala qui lui versa le thé. On lui offrit une khata. L'homme ôta sa tchouba et s'installa près de l'âtre ; pala à ses côtés. Les autres membres s'approchèrent à leur tour, et mola nous servit une soupe. Ce jour-là, trois moines lisaient des textes sacrés. Prières perpétuelles récitées sur un ton monotone ; prières lancinantes qui envahissaient peu à peu l'esprit, la conscience ; prières obstinées, portées par les volutes d'encens jusqu'aux divinités, à moins qu'elles ne fussent déjà là, à nous épier, à nous écouter.

L'atmosphère était apaisante. Il était déjà fort tard, lorsque l'homme prononça enfin quelques mots, son nom sans doute. Puis il nous parla des durs combats que livraient les moines autour du défunt Panchen-Lama. Je m'étais accroupi, adossé au mur, attentif à ses moindres gestes. Il frémit parfois aux souvenirs douloureux qui s'imposaient à lui. L'évocation se fit soudain plus joyeuse ; son regard s'illumina d'une lumière intense : un enfant avait été découvert à Taktser, un village de l'Amdo.

Il était certainement la réincarnation du treizième Dalaï-Lama.

Les moines avaient lancé des chants sacrés, voix bourdonnantes qui nous pénétraient jusqu'à la moelle : *Om Mani Pémé Hum*.

L'image dans notre demeure de cet homme, venu de Lhasa nous annoncer la découverte de l'enfant qui connaîtrait un sort tragique et devrait choisir l'exil, ne me quitterait jamais plus. Le récit qui suit concerne trois enfants qui seront tous les otages de la Chine à un moment donné de l'histoire de notre pays.

Né sous le nom de Lhamo Dhondup, le premier était celui dont nous venions d'apprendre la naissance et la découverte. Il deviendrait Tenzin Gyatso, le quatorzième Dalaï-Lama.

« Le jour de notre bonheur est arrivé », criait le peuple tibétain au passage du cortège qui avait, quelques semaines plus tôt, quitté l'impressionnant monastère de Kumbum. Étrange groupe que celui-ci ! Des marchands musulmans passant par Ziling traversaient l'Amdo, et faisaient route vers La Mecque. Comptant s'arrêter à Lhasa, avant de progresser vers l'Inde, les caravaniers allaient servir d'escorte à un enfant et sa famille, particulièrement entourés par de hauts dignitaires tibétains venus à leur rencontre. Aujourd'hui, quand je me remémore ce moment, je devine le visage de mon père, marqué par une très forte émotion. Tant d'années se sont écoulées depuis, pourtant je me souviens du moindre détail de son étonnante histoire.

Nous entendions les chiens sauvages hurler avec

les loups. Je m'étais approché de la porte restée entrouverte car deux oncles s'occupaient des animaux. La maison vibrait déjà de ses premières rumeurs. Nous étions en l'an tigre-terre (1938). Voilà trois ans déjà que la réincarnation du treizième Dalaï-Lama avait vu le jour dans l'étable de sa maison, sur une natte. C'était à Taktser, le 6 juillet 1935 (an cochon-bois de notre calendrier). On dit qu'un arc-en-ciel avait enveloppé le sommet de la colline voisine pour accompagner des meilleurs présages la naissance du petit Lhamo Dhondup.

Pala s'approcha alors de moi, me prit la main, et nous partîmes pour la colline du chörten. En chemin, nous ramassions des brindilles de genévrier, et nous avions emporté de la bouse séchée de yack. Le jour se levait à peine. Je savais que nous allions rendre hommage aux divinités, et je présumais que mon père allait continuer à évoquer Kumbum. Le vent soufflait en tornades, nous forçant à avancer au ralenti. Au sommet de la colline, je pus distinguer au loin un troupeau de yacks sauvages. Combien étaient-ils ? Cinquante, quatre-vingts, une centaine, guère plus. Le troupeau se déplaçait comme une vague sombre sur l'horizon et ressemblait à une onde calme dans la plaine. Pala me montra les mâles, les femelles, les jeunes qui avaient à peine un an. Et toujours ces hurlements de loups, ces aboiements de chiens ; la faim les avait sans doute chassés des bois où ils se réfugiaient parfois. Un cri perçant, la masse qui s'agitait brusquement, une course désordonnée, la mort, et cette ondulation lente, à nouveau. Les loups et les chiens s'étaient tus, rassasiés sans doute. J'observai pala, en silence. Au-dessus de nous, les drapeaux à prières claquaient au vent. J'imitai mon père qui déroulait son mala, une fois, cinq fois, dix fois. Nous jetions de la tsampa et des brindilles de genévrier dans le feu. Les flammes y tournoyaient, pourchassées par des bourrasques de vent sifflant comme des divinités courroucées. Nos prières les apaiseraient.

La région de l'Amdo était alors soumise à la dictature de Ma Bufang, le gouverneur chinois, d'obédience musulmane. Pour l'heure, Kumbum était le centre de trop d'intérêts pour que celui-ci y restât indifférent. Ma Bufang voyait dans cette affaire une possibilité de gagner beaucoup d'argent, sur le dos des Tibétains d'abord, sur celui des nationalistes ensuite, si cela se révélait nécessaire. Le chef de la délégation tibétaine qui avait dirigé les recherches de l'enfant réincarné avait pu avertir Lhasa, et le Kashag lui avait demandé de ramener au plus vite Lhamo Dhondup dans la capitale. Chacun savait maintenant que ce petit garçon de quatre ans était le quatorzième Dalaï-Lama.

Lhamo Dhondup avait donc quitté Taktser, son village natal, pour Kumbum. À la charge de son frère aîné, il attendait, avec les autres membres de sa famille, l'autorisation de gagner Lhasa, où l'attendait son immense palais, le Potala.

Otage déjà ! à quatre ans... Les moines de Kumbum menaçaient de ne laisser partir l'enfant qu'une fois celui-ci officiellement reconnu.

De part et d'autre, les tractations allaient bon train. Il fallait ruser. Ce fut donc avec une extrême prudence que le délégué avertit Ma Bufang, et qu'il lui demanda d'assurer la protection de l'enfant et de sa famille. Il fit croire au gouverneur qu'il avait la charge de ramener encore d'autres prétendants à Lhasa, et que le choix serait très délicat entre plusieurs candidats. Ma Bufang réclama alors une première rançon de cent mille pièces d'argent, dont le Kashag s'acquitta immédiatement. Avide, ce seigneur de la guerre sanguinaire l'était certainement, mais fourbe, il l'était davantage encore... Prétextant que les moines de Kumbum envisageaient de proclamer eux-mêmes Lhamo Dhondup, il exigea la somme exorbitante de trois cent mille pièces d'argent[1] supplémentaires, sinon, il ne répondrait de rien.

La délégation voulut en informer Lhasa. Mais, pour éviter toute interception du message, le courrier[2] fut porté de la main à la main jusque dans la capitale, et remis directement au Kashag. Plusieurs mois s'étaient déjà écoulés, et il en fallut autant pour transmettre, par la même voie, les ordres du gouvernement. La délégation, elle, attendait à Kumbum, avec une angoisse sans cesse grandissante. À Lhasa aussi, la situation était loin d'être claire. Le Kashag reprochait au régent Reting Rinpoche d'avoir découvert la réincarnation du treizième Dalaï-Lama dans une province sous domination chinoise, une situation dont le Kuomintang pouvait à tout instant tirer profit.

Se produisit alors l'épisode des marchands musulmans du Ziling qui se rendaient en pèlerinage à La Mecque en passant par l'Inde. Kumbum fut la première étape de leur long périple. À la demande

---

1. Entre vingt et vingt-cinq mille livres sterling de l'époque.
2. Il n'existait alors qu'une ligne télégraphique qui reliait Lhasa à l'Inde.

du groupe de recherches, ils acceptèrent de verser la seconde rançon à Ma Bufang contre l'engagement des autorités de Lhasa de rembourser cette somme imposante. Restait à quitter Kumbum, avec l'enfant et sa famille. Le seigneur de la guerre finit par accepter le départ de l'étrange caravane, gardant cependant en otage un dignitaire qui devait être libéré contre l'envoi d'un ensemble complet des habits du treizième Dalaï-Lama et d'une magnifique collection de manuscrits écrits en lettres d'or, si Lhamo Dhondup parvenait sain et sauf à Lhasa. À la faveur de troubles qui éclatèrent dans la région, le convoi quitta Kumbum en l'an lièvre-terre (le 21 juillet 1939). Un mois et deux jours plus tard (le 23 août), assuré que l'enfant était hors de portée de Ma Bufang, le Kashag proclamait Lhamo Dhondup quatorzième Dalaï-Lama.

L'otage libéré – un enfant de quatre ans – vivait le début d'une extraordinaire aventure. Son sourire éclatant remplissait le ciel de lumière et d'arcs-en-ciel. Il s'appellerait désormais Tenzin Gyatso[1].

Le second enfant, né Lobsang Tseten, sera le dixième Panchen-Lama, sous le nom de Chökyi Gyaltsen. Otage, lui aussi !

An singe-bois (1944) de notre calendrier. Onze ans après la mort du treizième Dalaï-Lama ; sept ans après celle du neuvième Panchen-Lama, un enfant

1. La cérémonie d'intronisation officielle eut lieu en l'an dragon-fer (le 22 février 1940).

de six ans, Lobsang Tseten[1], avait été conduit à Kumbum. Sans en être conscient, il allait être, avec sa famille, la victime toute désignée des terribles enjeux qui se jouaient à l'époque sur notre territoire. Kundun qui était son aîné de trois ans, ne pouvait aucunement intervenir dans les affaires de l'État[2]. Autour de lui, tout – de la régence au Kashag en passant par l'aristocratie, jusqu'aux monastères –, n'était qu'intrigues, trahisons, meurtres. Ces divisions profitaient bien évidemment aux nationalistes du Kuomintang qui, dès la mort de Chökyi Nyima, s'étaient empressés de trouver des enfants candidats à la réincarnation du maître de Tashilhunpo originaires des provinces qu'ils occupaient. Cette manipulation, savamment orchestrée par l'entourage de Chang Kaï-shek, avait des objectifs purement politiques. Seulement, pour reconnaître officiellement un successeur au neuvième Panchen-Lama, il fallait l'accord préalable du Dalaï-Lama, ou du régent, et du gouvernement de Lhasa. Ne parvenant pas à obtenir l'aval des autorités tibétaines, les nationalistes allaient finalement miser sur le temps.

Otage à Kumbum !

Il en était effectivement ainsi. Une dizaine de candidats avaient été présélectionnés, avant que le choix des autorités nationalistes ne se portât sur

---

1. Né le 19 février 1938 (an tigre-terre), il fut ordonné moine sous le nom de Lobsang Trinle Lhundrup Chökyi Gyaltsen.

2. La Constitution tibétaine prévoit la prise de fonction temporelle du Dalaï-Lama au moment de ses dix-huit ans. Ce ne fut pas le cas de Tenzin Gyatso qui, pour faire face à la menace communiste, dut remplir cette charge dès l'âge de seize ans.

Lobsang Tseten. Certes, le conseil des Khenpo[1] – l'organe administratif de Tashilhunpo – avait activement participé aux recherches de la réincarnation du neuvième Panchen-Lama. Après avoir longtemps erré dans l'est du Tibet, la dépouille mortelle de Rinpoche avait finalement été transportée à Shigatse, après qu'un accord fut intervenu entre les moines dissidents et Tagdra Rinpoche, le nouveau régent. Le corps était arrivé au monastère en l'an serpent-fer (2 avril 1941). Un stupa avait aussitôt été érigé. Les oracles, entrés en transe, avaient confirmé que Chökyi Nyima était déjà né à nouveau, dans l'est du pays. Trois délégations avaient été chargées des recherches, dix candidats trouvés et aussitôt dirigés sur Kumbum.

Comme le quatorzième Dalaï-Lama, Lobsang Tseten était originaire de l'Amdo. Comme Kundun, lui et sa famille, également d'origine paysanne, vivaient sous l'emprise du seigneur de la guerre Ma Bufang qui dictait toujours sa loi dans la région. Enfin, comme Tenzin Gyatso, des signes de bon augure avaient entouré sa naissance. Bien des années plus tard, comme je prenais le chemin de l'exil (1992), je rencontrai une vieille nonne, Kelsang, qui avait passé son enfance dans les environs de Karang Bidho, le hameau natal de Panchen Rinpoche, près de Wendu dans le district de Xunhua. Ce coin du Tibet était à l'époque si isolé que les habitants n'avaient même pas eu connaissance de la mort du neuvième Panchen-Lama. Voici ce qu'elle me confia.

1. Appelé aussi *Panchen Khenpo*.

L'hiver touchait à sa fin. Le ciel était d'un bleu intense, et le fleuve bouillonnait comme un torrent soudain libéré. Dans son village situé à l'est de la montagne de Mari, les habitants s'apprêtaient à célébrer Losar. Le dernier jour du douzième mois était une journée consacrée à la purification. Chacun s'activait dans la joie, car un enfant venait de naître dans le village : c'était le 19 février 1938.

À l'époque, Kelsang était encore une petite fille. Pour la première fois de l'année, au lever du jour, son père l'avait autorisée à sortir le troupeau. Elle avait aussitôt gagné la vallée, et les bêtes paissaient maintenant paisiblement. À perte de vue, son regard butait sur les pics montagneux aux neiges éternelles. Seule désormais, la montagne de Mari la séparait de la ferme. Dès l'apparition d'un troupeau, le danger était permanent. Les loups et les chiens sauvages guettaient son moindre mouvement ; heureusement, trois mastiffs veillaient.

Autour de Kelsang, pas âme qui vive. Vers midi, elle éprouva une angoisse indéfinissable. Le vent s'était levé, transportant une poussière épaisse qui piquait la peau, blessait les yeux. Ayant dû se protéger le visage avec sa tchouba usée, elle s'était inconsciemment éloignée des animaux. Le vent tomba, aussi brutalement qu'il était apparu. Lorsqu'elle ouvrit les yeux, Kelsang faisait face à la montagne de Mari. Tout y était sombre. Un énorme nuage s'était formé sur la crête, des éclairs fracassaient le ciel, une barrière de pluie s'abattait sur le pic, accompagnés par des grondements de tonnerre, comme elle en avait rarement entendu ; cependant autour d'elle, dans les lointains, le ciel était resté d'un bleu intense, sans un nuage. Et puis soudain, durant quelques secondes, tout se figea. Un double arc-en-ciel se formait sur la montagne et, s'enroulant lentement sur elle, ses couleurs vives se liquéfièrent dans la plus infime de ses excavations. Tout redevint normal, et Kelsang rejoignit le troupeau. Son angoisse avait disparu.

Quelques jours plus tard, un autre événement étrange se produisit dans le village. Le matin du quatrième jour de la nouvelle année, la neige tombait à gros flocons. Pas question de sortir le troupeau, car on y voyait à peine. Dans la maison de Kelsang, chacun vaquait à ses occupations. Les invocations aux divinités emplissaient l'atmosphère d'une douce quiétude. Les lampes à beurre sur l'autel répandaient une lumière diffuse. Une forte odeur d'encens se mêlait à celle de la bouse de yack, que l'on avait mise à sécher près de l'âtre, et du thé salé au beurre rance qu'une tante de Kelsang barattait dans un coin.

Vers le milieu de l'après-midi, le ciel s'était dégagé. Dans le village, chacun ressentit une impression étrange, mais personne n'osa se confier à l'autre. On redoublait de prières et les mala étaient déroulés un peu plus rapidement qu'à l'accoutumée. Les anciens avaient aussi bu un peu plus de tchang que d'habitude. Lorsque le soleil se coucha, le ciel, strié de rouge, irradiait des vagues flamboyantes. Parole d'ancien : aussi loin que la mémoire pouvait porter, jamais on n'avait vu cela ! Était-ce le tchang qui faisait son effet ? Quoi qu'il en soit, quatre vieux étaient sortis en trébuchant d'une maison et se dirigeaient vers la rivière qui longeait le village. Des enfants avaient interrompu leurs jeux pour se moquer d'eux et de leur démarche incertaine. Tandis qu'ils riaient et chantaient encore, l'un des vieillards pointa un bras vers la montagne de Mari, en s'écriant :

— Un arc-en-ciel ! Un arc-en-ciel !

— Un arc-en-ciel ! reprirent les autres en écho.

Les enfants s'étaient approchés et scrutaient aussi le ciel. Un gamin d'une douzaine d'années se campa fièrement devant le groupe, et lança à celui qui avait osé telle sottise :

— Pola, vous avez bu trop de tchang et, autant que vous êtes, vous n'y voyez vraiment plus ! Ou alors montrez-nous cet arc-en-ciel !

Celui qu'il venait d'appeler pola lui frappa la tête du plat de la main, et s'en alla, vexé, éponger ses certitudes dans un autre verre de tchang, contant à tous les membres de sa famille réunis autour de lui pour l'occasion les misères que venait de lui faire un enfant du village.

Le lendemain aurait dû être un jour comme les autres. Les anciens avaient retrouvé leurs esprits. Cependant, le chef du village réunit le conseil, et demanda au vieil homme de venir raconter son histoire. Pola ne s'était guère trompé : il avait bien vu un arc-en-ciel. Alors, un des anciens qui avait effectué un pèlerinage à Kumbum se mit à parler : « En un temps lointain, à Wendu, un des dix villages du district de Xunhua, deux réincarnations étaient déjà nées, mais aucun arc-en-ciel n'était alors apparu. La vision de pola est peut-être le signe qu'une autre naissance a eu lieu dans les environs, plus importante encore. »

Loin des drames qui secouaient le monde, dans un coin perdu et oublié du Tibet, un petit hameau près de Wendu devint ainsi le lieu de naissance du dixième Panchen-Lama.

Onze ans plus tard, en l'an bœuf-terre (le 3 juin 1949), Lobsang Tseten était à Kumbum depuis l'an singe-bois (1944). Après cinq ans à Tashilhunpo, il en était considéré comme le nouveau maître. Mais sa nomination restait à officialiser. L'enfant était entre-temps devenu une proie fragile entre les mains des nationalistes. Le Kashag avait demandé son transport à Lhasa avec les autres candidats sélectionnés. L'occasion d'intervenir était trop belle. Alors qu'en Chine son pouvoir vacillait, le Kuomintang fit savoir à Lhasa qu'il approuvait le choix de Lobsang Tseten et qu'il allait donc procéder à l'intronisation du dixième Panchen-Lama[1]. Une délégation partit immédiatement pour Kumbum. Les cérémonies eurent lieu le 10 août et Lobsang Tseten reçut alors le nom de Chökyi Gyaltsen. À Lhasa, en guise de désapprobation, le Kashag ordonna l'expulsion de trois à quatre cents résidents chinois.

Depuis cinq ans déjà, Panchen Rinpoche vivait à Kumbum avec ses parents. Manipulé tantôt par des dignitaires à la solde de Ma Bufang et des nationalistes, tantôt par les moines exilés de Tashilhunpo, Lobsang Tseten n'en recevait pas moins une éducation très sévère. Rares étaient les moments de liberté. Ses maîtres l'autorisaient alors à partager les jeux des novices qui passaient des heures à gratter, polir et à

1. Les Chinois l'appellent plus généralement Panchen Erdeni, titre en partie mongol qui fut donné, en 1713, au cinquième Panchen-Lama par l'empereur chinois Kangxi.

teindre les os séchés pour en faire des osselets. Quelles parties animées ! Panchen Rinpoche soulevait des cris de joie parmi ses petits compagnons, lorsqu'il lançait un petit os – comme une bille – et qu'il tentait d'approcher l'osselet le plus éloigné sans toucher les autres.

Des discussions sans fin s'engageaient aussi. D'ailleurs, dès l'âge de ses six ans, Panchen Rinpoche avait commencé à entraîner les autres à l'abri du légendaire santal. Le cercle formé autour de lui, les moinillons l'écoutaient dans un silence révérencieux. Il parlait si longtemps des enseignements de Tsongkhapa que les moines passant tout près s'arrêtaient pour l'entendre ; il évoquait souvent aussi Tashilhunpo, son monastère.

Panchen Rinpoche ne s'attachait guère aux louanges qu'on lui adressait, et se souciait encore moins du jugement des autres. Il poursuivait consciencieusement ses études, entre les psalmodies matinales et les prières du soir, des journées entrecoupées par quelques escapades dans les nombreux temples de Kumbum : le monastère était immense. Malgré un proverbe tibétain qui disait :

Ne craignez pas les dieux,
Ne craignez pas les fantômes,
Ne craignez que vos tuteurs
Lorsqu'ils viennent se prosterner...

Panchen Rinpoche profitait de la moindre inattention de ses maîtres pour s'esquiver et gagner en courant l'entrée. Devant le monastère, il aimait particulièrement ces instants où il pouvait à loisir observer les pèlerins. Souvent, il se glissait parmi les gens ordinaires et partageait avec eux le thé et la tsampa. Ces êtres si humbles et si misérables aiguisaient sa curiosité ; il adorait leur parler. « Bavarder est un art », confessa-t-il un jour, en riant aux éclats. Il n'était alors pas rare qu'un Tibétain lui donnât un morceau de fromage séché, épais comme un dé, dur comme un caillou, qu'il laissait fondre pendant des heures dans sa bouche. Rinpoche se régalait.

L'enfant était conscient que ses tuteurs le guettaient avec une impatience retenue. Comme ils appliquaient à la lettre les principes bouddhistes, ils le grondaient, le critiquaient et le battaient quelquefois. Mais le plus jeune de ses tuteurs, tout au plus lui pinçait-il l'oreille ou lui donnait-il une claque sur son crâne rasé ; celle-ci n'était cependant pas assez forte pour lui faire mal. Plus tard, il devait avouer : « Ce maître avait une technique particulière pour me battre : la main incurvée, il frappait avec un *paf* qui résonnait clair et fort. Je trouvais cela drôle, et j'espérais parfois une seconde gifle. Je ne pouvais pas m'empêcher de rire à cette idée stupide, ce qui le faisait encore plus enrager. Mais il était bon. Quand il était en colère, il perdait patience, criait, la barbe en bataille et les yeux écarquillés, et brandissait parfois le poing devant moi. Je le trouvais alors franchement drôle... »

Le soir, Lobsang Tseten, qui bénéficiait de davantage de libertés que les autres moines, retrouvait ses parents et devisait avec les dignitaires de Tashilhunpo.

En 1949 (an bœuf-terre), rien n'échappait à celui qui était devenu le onzième Panchen-Lama sans l'assentiment de Lhasa. Un matin, Ma Bufang arriva à Kumbum avec une forte délégation. Il convoqua immédiatement le conseil des Khenpo et réclama la présence de dignitaires du monastère particulièrement proches de lui. Cette réunion tenue dans le plus grand secret concernait évidemment Panchen Rinpoche et sa famille. Le Kuomintang vivait ses dernières heures. On racontait que Chang Kaï-shek avait déjà fui vers l'île de Taïwan et qu'il avait emporté des trésors inestimables. Ma Bufang se montrait nerveux et menaçant. Il avait interdit tout contact avec les domestiques. Il s'adressait au conseil et à la famille de Chökyi Gyaltsen. Un bruit sourd, des cris : les gardes essayaient d'empêcher l'entrée du jeune maître de Tashilhunpo. Ma Bufang alla lui-même ouvrir la porte :

— Que faites-vous ici, Rinpoche ?

Autour de la table, le silence se fit pesant.

— Je veux connaître les raisons de cette réunion secrète. Que font amala et pala ici ? Que manigancez-vous, Ma ?

Le chef des Khenpo intervint :

— Le président Chang Kaï-shek vous réclame à Taïwan, Rinpoche.

— Je ne connais pas Taïwan. Mon monastère est celui de Tashilhunpo. C'est là que l'on m'attend.

— Le conseil en est pleinement conscient, Rinpoche. L'heure est grave. Un choix s'impose : partir avec Ma Bufang ou tomber entre les mains des communistes chinois qui s'apprêtent à envahir le Tibet.

— Qui doit partir avec Ma ?

Le chef du conseil des Khenpo but une lente gorgée de thé et se montra plutôt embarrassé par la question de son chef spirituel.

— Le conseil, amala, pala, mais surtout vous. Le

président Chang tient à vous accorder toute sa protection.

Assis près de ses parents, on dit que Panchen Rinpoche s'était soudain dressé, et pointant du doigt son interlocuteur, il cria si fort que le moine en renversa son bol de thé :

— De quel droit vous permettez-vous de m'écarter des discussions qui me concernent ? Personne ici n'a le droit de décider à ma place.

Pris d'une irrépressible colère, l'enfant en vint à bégayer des mots d'une extrême gravité pour son entourage et pour le seigneur de guerre qui avait lui-même beaucoup de mal à retenir sa fureur. Du haut de ses onze ans, Panchen Rinpoche s'adressa à tout le conseil, sur un ton de défi :

— Si vous partez avec Ma Bufang, je resterai à Kumbum ; si vous restez, je pars avec Ma...

Le père de Rinpoche intervint à son tour. Demandant respectueusement à son fils de l'écouter, il réussit peu à peu à apaiser sa colère. Quelques jours plus tard, le dixième Panchen-Lama et sa famille quittèrent sous bonne escorte le monastère de Kumbum pour Xiangridé[1]. À Lhasa, les messages parvenaient par un réseau radio reliant depuis peu la capitale aux portes de l'Amdo. La peur était de plus en plus palpable. La majorité des Tibétains ne connaissait pas encore l'existence de Mao Tsé-toung, le « Fils du Ciel » qui allait ensanglanter le Tibet. Ses messages annexionnistes avaient cependant provoqué une réaction très ferme du Kashag[2]. Notre

1. Offert en 1780 par l'empereur Gaozong au sixième Panchen-Lama.

2. Le gouvernement tibétain importe en 1947 et 1949 une grosse

gouvernement ordonna l'expulsion des Chinois, officiels et marchands, qui se trouvaient alors dans la cité. Mais les nouvelles étaient de plus en plus alarmantes : ayant franchi la frontière à Ya'an[1], puis le célèbre pont de fer de Luding[2], les troupes communistes avaient installé leur première base à Dartsedo[3], au nord du Kham et de l'Amdo.

Aussitôt proclamée la naissance de la République populaire de Chine (1er octobre), les exilés de Tashilhunpo lui adressèrent un message au nom de Chökyi Gyaltsen : « Ayant reçu les faveurs de la Chine tout au long de sa vie, le Panchen-Lama vous exprime toute sa gratitude et son plus profond respect. »

Maîtres de la région, les communistes détenaient un précieux otage : la réincarnation du neuvième Panchen-Lama, imposée par les nationalistes chinois, était désormais entre leurs mains et allait devenir un moyen de pression et de chantage permanent sur notre gouvernement et sur notre pays.

---

quantités d'armes. Il entreprend aussi un certain nombre de démarches diplomatiques auprès de la Grande-Bretagne, des États-Unis, du Népal… La fin de l'année 1949 est terrible pour le Tibet, dont l'isolement politique est désormais incontestable. Fin décembre, l'Inde reconnaît la République populaire de Chine ; début 1950, un accord entre l'Union soviétique et Pékin accrédite encore davantage les revendications communistes sur le Tibet, et le 25 juin éclate la guerre de Corée. Le Tibet est alors bien loin des préoccupations internationales. La République populaire de Chine peut maintenant « libérer » le Toit du Monde. Nehru n'a ni la volonté ni les moyens de s'y opposer. (Lire *Histoire du Tibet*, Laurent Deshayes.)

1. Ville séparant le Tibet de la Chine : on se trouve côté chinois.
2. En tibétain, Chadzamka. C'est lui qui marque, en fait, la frontière traditionnelle entre la Chine et le Tibet.
3. C'est de là que partit la marche « finale » sur Lhasa, via Kantsé.

Pala me rappela à plusieurs reprises dans son récit l'âge de Chökyi Gyaltsen : il avait onze ans.

Cinquante ans plus tard, en l'an lièvre-terre (1999) du calendrier tibétain, notre pays est toujours occupé par la République populaire de Chine. Pékin détient un autre otage : Guendun Chökyi Nyima, dix ans, est le onzième Panchen-Lama reconnu par le Dalaï-Lama.

Cinquante ans ont passé. C'est à vous, Panchen Rinpoche, que je m'adresse aujourd'hui. Avant de quitter ce monde pour renaître peut-être près de Tashilhunpo, plus près de vous aussi –, j'espère que vous lirez un jour ce récit qui vous concerne, et qui est aussi l'histoire de ma propre vie. L'heure est venue maintenant de la restituer, avant que ma mémoire ne soit défaillante. Je fais des nouvelles générations mes confidents et mes complices pour qu'un jour le monde se souvienne encore de vous, Rinpoche, de vous, Guendun, l'enfant oublié du Tibet. Il suffit parfois de si peu de chose pour que l'histoire d'un peuple, d'une nation change.

3

La nuit, toutes les corneilles sont noires

1950. Les troupes communistes déferlaient sur le Tibet. L'engrenage commencé en l'an bœuf-terre (1949) se poursuivait dans une logique infernale. À Lhasa, une comète avait illuminé le ciel pendant plusieurs jours, juste au-dessus du Potala. Les dragons du temple du Jokhang pleuraient ; un filet d'eau coulait en permanence de ses gargouilles. Avec la présence des Britanniques et des Russes dans la capitale, les Lhasapa avaient pris l'habitude de troquer leur tchouba traditionnelle contre le costume occidental. Le fait n'était pas nouveau, mais inquiétait ; sous le règne du treizième Dalaï-Lama déjà, la noblesse s'était mise à porter le chapeau, ordinairement d'étoffe foulée, de laine ou de poil ; pour se saluer, on ne tirait plus la langue [1], mais on portait la main à son couvre-chef, avec un sourire qui en disait long sur le comique de la situation.

---

1. Ce geste traditionnel permet de montrer la pureté de ses pensées.

Finalement, Thubten Gyatso était intervenu pour demander aux habitants de cesser le port de telles coiffures, rappelant que le feutre était déjà employé aux Indes lorsque le Tibet vivait sous la botte de l'armée mandchoue. Les chiens couraient et aboyaient par groupes de quatre et les corneilles croassaient, un dialogue toujours à quatre, lugubre, comme autant de signes annonciateurs d'un drame terrible : notre pays serait totalement envahi.

Ils étaient cent, mille, trois mille, sans doute beaucoup plus... Les petits hommes en tenue verte avançaient, silencieux, par petits groupes. Leurs uniformes délavés étaient trempés. Ils portaient des casques de modèle japonais et étaient armés de mitraillettes ou de fusils sur lesquels une baïonnette était fichée ; une armée communiste qui confirmait tous les mauvais présages. Elle était entrée dans Lhasa le 26 octobre 1950, première étape d'un vaste programme d'assimilation.

La nuit qui avait précédé leur arrivée, de la neige était tombée sur l'ensemble du pays. De la neige en plein été, comme pour mieux recouvrir les corps ensanglantés de mes compatriotes dans les régions dévastées du Kham et de l'Amdo. Personne ne se rappelait une telle tempête, du moins pas depuis l'occupation de Lhasa par les Mandchous. Les bourrasques en provenance du nord-est poussaient des vagues de neige et de poussière jusque sur les toits de Tashilhunpo, déchirant les drapeaux à prières à flanc de montagne, arrachant les pierres des chörten.

Au point du jour, les anciens qui avaient passé des heures à prier devant l'autel s'étaient retrouvés devant l'âtre. Le bois craquait, les flammes, plus puissantes qu'à l'accoutumée, léchaient furieusement le foyer. Pala s'était assoupi, la tête penchée sur l'épaule ; de sa bouche coulait un fil de salive, rompu parfois au moment d'un ronflement trop puissant. Mola et amala avaient enroulé leur mala autour de leurs mains et dormaient profondément. Une forte odeur d'encens stagnait dans la pièce.

J'allais sur mes vingt-deux ans, et je me tenais assis contre le mur à les observer. Dans mon corps un étrange picotement, dans mon cœur une pulsion irrépressible, insupportable. Un flot soudain coulait sur mes joues, un torrent de larmes.

Mon chagrin était profond ; il ne me quitterait jamais plus.

Lorsque Deng Xiaoping reçut l'ordre de faire marcher ses troupes vers notre capitale, le régime communiste de Pékin était déjà entré en guerre avec les États-Unis[1] à des milliers de kilomètres au nord. Pékin ayant décidé de précipiter l'annexion du Tibet, notre armée, forte de huit mille cinq cents hommes dotés seulement d'une cinquantaine de pièces d'artillerie, de deux cent cinquante mortiers et de deux cents mitrailleuses, ne pesait guère face aux troupes chinoises. La résistance s'était pourtant

1. Le 23 juillet 1950, Mao ordonne une vaste campagne d'élimination des « contre-révolutionnaires ». Au cours de l'année qui suit, un million de suspects sera exécuté, deux autres millions déportés dans les « laogai ». Le 10 octobre 1950, huit cent mille « volontaires », placés sous les ordres de Peng Dehuai, déferlent sur la Corée. La guerre durera trois ans et provoquera des millions de morts. Pour empêcher la République populaire de Chine d'inoculer le virus du communisme à l'ensemble de l'Asie, les Américains pensaient l'encercler d'un véritable « cordon sanitaire ».

organisée dans le Kham et l'Amdo. Mais, le 23 mai 1951, le gouvernement central força une délégation tibétaine à signer un accord[1] qui prévoyait l'annexion pacifique du Tibet à la Chine en échange de la garantie d'une assez large autonomie. Cet accord fut rapidement contesté, parce que signé sous la contrainte. Aussitôt exilé en Inde, Kundun le rejetterait en l'an cochon-terre (1959).

En l'an lièvre-fer (1951), le dixième Panchen-Lama vivait toujours à Kumbum, sous la totale influence des communistes qui essayaient de faire avec Tenzin Gyatso et Chökyi Gyaltsen ce qu'ils n'avaient pas réussi avec leurs prédécesseurs : séparer, déchirer pour mieux asservir. Une différence cependant, cette fois Pékin pouvait manipuler à volonté un enfant de treize ans, avec la complicité de certains dignitaires du conseil des Khenpo.

---

1. L'« accord en 17 points » prévoit notamment que le peuple tibétain s'unira pour chasser hors du Tibet les forces d'agression impérialistes : le Tibet reviendra à la grande famille de la Patrie, la République populaire de Chine (art. 1) ; les autorités centrales ne modifieront pas l'actuel système politique du Tibet. De même, les autorités centrales ne modifieront pas le statut établi, les fonctions et les pouvoirs du Dalaï-Lama. Les fonctionnaires des différents grades rempliront leur charge comme à l'accoutumée (art. 4) ; le statut établi, les fonctions et les pouvoirs du Panchen-Lama seront maintenus (art. 5) ; par statut établi, fonctions et pouvoirs du Dalaï-Lama et du Panchen-Lama, on entend le statut, les fonctions et les pouvoirs du treizième Dalaï-Lama et du neuvième Panchen-Lama à l'époque où ils étaient en bonnes et amicales relations l'un avec l'autre (art. 6) ; la politique de liberté de croyance religieuse inscrite dans le Programme commun de la Conférence politique consultative populaire chinoise sera mise en œuvre. Les croyances religieuses, coutumes et usages du peuple tibétain seront protégés. Les autorités centrales n'effectueront aucun changement dans le revenu des monastères (art. 7).

Lorsqu'il fut question de son retour à Tashilhunpo, les habitants des districts traversés avaient été réquisitionnés pour le transport et la sécurité de Panchen Rinpoche et de ses proches ; des poches de résistance attaquaient régulièrement les convois, les Tibétains serviraient de boucliers humains.

Chökyi Gyaltsen avait quitté Kumbum le 19 décembre 1951, et était arrivé à Lhasa quatre mois après. Les Lhasapa l'avaient accueilli avec beaucoup de ferveur. Mais, chaque fois que le Kashag rencontrait les Khenpo, la tension était particulièrement forte : tant de haines et de suspicions les divisaient encore. Néanmoins, une profonde amitié était née entre Panchen Rinpoche et Kundun, son aîné de trois ans, et malgré les événements dramatiques qu'ils eurent ensuite à affronter chacun de son côté, ces sentiments ne s'altérèrent jamais.

De Lhasa qu'il quitta en l'an dragon-eau de notre calendrier (juin 1952), il fallut dix-sept jours au Panchen-Lama pour atteindre Shigatse sous bonne escorte. La cité s'était mise sur son trente et un pour l'accueillir ; des cérémonies officielles, chants et danses sacrés, dans la plus pure de nos traditions, allaient se succéder pendant plusieurs jours. La foule se montrait joyeuse, du moins en apparence.

Cependant, je me trouvais ce jour-là parmi les habitants de Shigatse, et je pouvais lire la peur dans leurs yeux ; jusqu'ici, jamais leur vie n'avait été rythmée par le roulement martial des tambours et les défilés militaires ; jamais, ils n'avaient vu autant d'armes sophistiquées.

Le nouveau maître de Tashilhunpo fut aussitôt placé à la tête du conseil des Khenpo, une administration qui persistait à se montrer bienveillante à l'égard de l'envahisseur, et il occupait désormais une place restée vacante depuis le départ en exil de son prédécesseur en l'an cochon-eau (décembre 1923).

De l'est à l'ouest, du sud au nord, l'armée chinoise quadrillait notre territoire. Elle avait installé des campements dans les villes et aux alentours ; Shigatse était occupée, Gyantse aussi, Lhasa connaissait une profonde transformation. Les autorités promettaient de bouleverser notre vie par la modernisation et par la déstabilisation de tous ceux, laïcs et religieux, qui s'enrichissaient sur le dos du petit peuple. Ils nous promirent des hôpitaux, des écoles, des routes, et pour les construire, ils utilisaient une main-d'œuvre crédule. Nous étions pris dans un engrenage dont le but était d'abord d'affaiblir, pour mieux l'annihiler dans la violence et le sang, un ordre social plurimillénaire. À chaque carrefour, sur toutes les places, des haut-parleurs diffusaient des slogans patriotiques qui vantaient les grandes victoires de la mère patrie et les qualités de Mao Tsé-toung [1], le « Fils du Ciel » plus grand que le Dalaï-Lama, et appelaient à participer à la reconstruction du Tibet. Les premiers coups de pioche dans Shigatse furent donnés pour édifier une caserne, à la

1. En Chine, l'accouchement d'un ordre nouveau se faisait aussi dans le sang ; des exécutions, plus de trois millions de personnes furent exécutées ; les déportations se comptaient aussi par millions ; il y avait des camps de travail pratiquement dans chaque ville. Pour Mao, « la révolution n'était pas un dîner de gala ».

limite de Tashilhunpo. La « modernisation » du Tibet était en cours ; elle n'allait plus s'arrêter.

Pour ce faire, il fallait avant tout déstabiliser l'autorité spirituelle dans notre pays, en commençant par s'attaquer à son image. L'influence de Kundun et de Panchen Rinpoche était si profondément ancrée dans notre mémoire collective qu'il était quasiment impossible de briser cette ferveur ancestrale. Pour y parvenir, les communistes avaient envoyé dans les villages des « équipes de travail » qui avaient pour mission d'aider les paysans, les semi-nomades, les jeunes – pour la plupart illettrés –, à « briser les chaînes du mal ». Très vite, on avait pu voir des files de travailleurs « volontaires » porter sur le dos des blocs de pierre ; les routes[1] s'ouvraient, non pas pour le bonheur de mes compatriotes, mais pour leur plus grand malheur. À l'époque, nous comptions, de source chinoise, au moins un mort au kilomètre, mais la Chine avait accès à notre pays avec ses camions et ses blindés. Des murs étaient montés, les uns après les autres, à une cadence infernale, des écoles, des administrations pour les Tibétains ; des prisons, en vérité. Le soir, lorsque le travail de « reconstruction » s'achevait, venait la « rééducation ». Elle commençait par une grande distribution de cadeaux, dont la plus gratifiante était l'effigie de Mao. Les « équipes de travail » poussaient aussi à la délation, pour le bien de la mère patrie. Dans les

1. En 1951, deux grands axes routiers reliaient Lhasa à Chengdu, au Sichuan (2 413 kilomètres), et au Ziling, dans le Qinghai. Ils furent achevés en 1954. En 1957, un autre axe (1 179 km) donnait accès au Xinjiang, la région musulmane du nord du Tibet. Et pour symboliser le redressement économique de la Chine, cinq cents kilomètres permirent de relier, le 1er juillet 1952, Chengdu à Chongqing.

premiers temps, beaucoup de Tibétains s'étaient étonnés de l'arrestation d'hommes et de femmes qu'ils avaient plus ou moins côtoyés par le passé, des familles entières, des voisins ; les monastères avaient été « nettoyés » de leur population, certains moines étaient renvoyés dans leurs villages, d'autres transférés dans les camps du Qinghai (Amdo) ou de Chine. Les communistes calculaient tout, prévoyaient tout ; ils ne laissaient aucune place à la compassion, à la tolérance, à l'amour ; la cruauté était leur seul et unique raisonnement.

Shigatse avait perdu son identité de paisible compagne de Tashilhunpo. La cité connaissait un incessant va-et-vient de convois militaires et de limousines ; les militaires, de plus en plus nerveux, s'installaient dans les casernes, les officiels rendaient fréquemment visite à Panchen Rinpoche. Comme pour l'ensemble de notre territoire, se posait désormais la question de l'approvisionnement des troupes. Les céréales étaient confisquées. La survie devint un problème quotidien. Dans son lacis de ruelles grises, les boutiques de Shigatse s'étaient vidées de leurs denrées. Désormais, la famine frappait la population. Même si, avant l'invasion, beaucoup d'entre nous vivaient dans une extrême pauvreté, jamais nous n'avions été confrontés à une situation aussi grave, jamais un Tibétain n'était mort de faim.

Et puis, les communistes savaient tout de nous ; nous nous sentions en permanence épiés : par ceux d'entre nous qui avaient choisi la facilité, l'argent, le pouvoir, la corruption ; par les soldats et les policiers qui investissaient nos demeures, rarement au hasard. Lorsqu'ils arrêtaient l'un de nous, ils connaissaient tout de ses habitudes, de son caractère. Shigatse était une ville sous haute surveillance, avec des yeux pour nous regarder, avec des oreilles pour nous écouter. La honte, la peur et la méfiance étaient partout ; un enfant sur une mule, une femme qui ployait sous un fardeau, un vieillard qui déroulait son mala, pouvaient être autant d'espions à la solde des Chinois. Nous étions notés, analysés, fichés heure par heure ; les occupations de chaque jour devenaient une source intarissable de renseignements pour l'ennemi ; les nuits appartenaient aux « réactionnaires » fidèles à notre souverain ; mais nous étions tous des condamnés à mort en liberté surveillée.

Désormais, nous devions nous attacher aux apparences ; mais tous, nous portions en nous une vie cachée de solitude, de peur et de souffrance. J'avais rencontré des Khampa [1] qui avaient réussi à fuir leur région, de rudes guerriers qui se préparaient à une longue résistance ; ils parlaient d'exterminations, de transferts de population, de villages et de monastères totalement rasés, de viols, d'avortements forcés. Comme tant d'autres, je pensais que cette situation ne durerait pas ; j'avais cependant beaucoup de mal à maîtriser ma colère ; je sentais naître en moi un fort sentiment de révolte, de patriotisme aussi. J'imaginais notre souverain, confronté à seize ans [2] aux pires

---

1. Habitants de la grande province orientale du Kham, divisée en deux au XVIIIe siècle. L'ouest du Kham resta sous le contrôle de Lhasa ; l'est fut rattaché au Sichuan chinois. La révolte des Khampa toucha les deux zones.

2. Compte tenu de la gravité de la situation, le Kashag remit le pouvoir temporel au Dalaï-Lama dès ses seize ans, alors que la

difficultés, et Panchen Rinpoche, constamment soumis à la pression et à la perfidie communistes.

Au début de leur présence à Shigatse, les Chinois avaient utilisé des paroles d'apaisement. Ils jouaient tout en subtilité, amadouant, cajolant, tentant la persuasion ; mais leur véritable nature s'exprimait dès lors qu'ils évoquaient Kundun, le « traître ». Très vite, les persécutions s'intensifièrent, car les Chinois devinaient en nous une résistance spirituelle qu'ils ne parvenaient pas à mater.

À la veille du départ du Dalaï-Lama et du Panchen-Lama pour la Chine, les rumeurs les plus insensées circulaient à Lhasa et à Shigatse : les habitants craignaient que les deux chefs spirituels ne revînssent plus jamais. Le premier avait quitté la capitale en l'an cheval-bois (le 11 juillet 1954) à bord d'une vieille Austin ayant appartenu à son prédécesseur ; cinq cents personnes le suivaient. Le second et sa suite de deux cents personnes partirent en caravane de Tashilhunpo cinq jours plus tard. Alors que la population continuait à s'adonner à de nombreuses cérémonies d'offrandes, Kundun arriva à Chengdu, puis à Xian[1], où il fut rejoint par Panchen Rinpoche ; le voyage jusqu'à Pékin se poursuivit en train, une découverte pour les deux jeunes gens. Notre souverain avait alors dix-neuf ans, Panchen Rinpoche seulement seize.

Divisé en trois régions administratives – celle

Constitution tibétaine le prévoit à dix-huit ans. La cérémonie d'intronisation eut lieu à Lhasa, le 17 novembre 1950.

1. Chang'An, ancienne capitale de l'Empire chinois.

du gouvernement local dirigé par Kundun, qui englobait le Tibet central ; celle de l'ouest dirigé par Panchen Rinpoche, et celle du Kham géré par le comité de Chamdo –, notre pays basculait chaque jour un peu plus dans le chaos. Lorsqu'un an plus tard (été 1955, an mouton-bois) il revint à bord d'une jeep, par la route dont la construction avait été récemment achevée, Tenzin Gyatso avoua avoir été particulièrement impressionné par la férocité des derniers propos que lui avait tenus Mao Tsé-toung : « La religion est un poison, lui avait-il dit. Elle est très dommageable pour le développement d'une nation. » Quelques mois plus tard, le Tibet connaissait une nouvelle étape d'assimilation au moule communiste avec la création, en l'an singe-feu (22 avril 1956), de la « Commission préparatoire de la Région autonome du Tibet », dont la présidence et la vice-présidence avaient été volontairement confiées au Dalaï-Lama et au Panchen-Lama [1]. Avec cette nouvelle étape, la sinisation de notre pays n'en devenait que plus aisée ; les deux autorités spirituelles étaient désormais des marionnettes entre les mains du pouvoir central. Mao jubilait. Le Tibet [2] était à feu et à sang.

À cette époque, mon oncle qui contestait

1. L'autre vice-présidence avait été donnée au général Zhang Guohua, qui commandait l'armée chinoise au Tibet ; Ngabo Ngawang Jigme, un des signataires de « l'Accord en dix-sept points », en était le secrétaire.

2. La fin de la guerre de Corée, en juillet 1953, fut sans doute une des causes de cet emballement brutal ; Pékin craignait, avec les efforts diplomatiques des Tibétains et le soulèvement des Khampa dans l'est du pays, une implication politique et militaire des États-Unis. Il semblerait d'ailleurs que le Dalaï-Lama ait un temps pensé se rendre à Washington.

ouvertement la collaboration de certains dignitaires avec l'ennemi, avait dû fuir Tashilhunpo et se réfugier dans un petit monastère des environs de Deki Rabdam. Je lui apportais régulièrement de la tsampa ; ensemble, nous exécutions des rituels et il m'arrivait de rester plusieurs jours avec lui, à invoquer les divinités. Ma famille possédait encore son troupeau et ses terres, mais plusieurs fois par an, un responsable du district, chinois, et deux de ses adjoints, tibétains, encadrés d'un peloton en armes, investissaient le village et emportaient toutes les céréales, tant et si bien que la population s'était organisée pour cacher de l'orge dans les environs. Je fus un matin le témoin d'une séance de *thamzing* [1]. Particulièrement touché par la disette, un homme avait confié une partie de sa récolte à son frère qui l'avait aussitôt dénoncé aux Chinois. Ce jour-là, les militaires étaient venus plus nombreux qu'à l'accoutumée ; trois camions dont les soldats avaient déchargé des mitrailleuses lourdes. En l'espace d'une vingtaine de minutes, les villageois avaient été délogés *manu militari* de leurs demeures et rassemblés sur la place. Des ordres secs, une rafale de mitraillette, un corps s'effondrait au sol ; inutile de résister.

Les armes lourdes étaient maintenant braquées sur nous. L'homme se tenait debout, enchaîné, la tête baissée, le visage tuméfié, les jambes écartées par une épaisse barre de fer. La séance était savamment orchestrée par le chef du district. Dès le commencement de l'invasion de notre pays, les

1. Jugement populaire appliqué par les communistes chinois à la population et aux prisonniers, chinois et tibétains.

communistes chinois avaient versé des torrents de sang, uniquement pour l'exemple, en suivant une pratique simple, cruelle, mais tout à fait conforme à leur idéologie. Chaque fois qu'un Tibétain était mis à mort ou subissait un thamzing, ce n'était jamais du fait du hasard. Pour expier le crime, tout acte était calculé ; jamais les Chinois ne frappaient l'accusé, ils laissaient ce soin aux autres villageois, aux amis, à la famille. L'occupant apprenait « scientifiquement » à l'occupé à haïr celui qui était désigné comme coupable ; c'était alors l'occasion de « s'instruire ». Le crime réjouissait, la haine décuplait la violence. On tuait les siens pour expier les fautes de ses vies passées autant que de celle-ci dans laquelle, de toute façon, nous n'avions pas notre place. Le pauvre homme fut frappé par son frère jusqu'à ce qu'il s'écroulât ; des villageois vinrent à la rescousse qui lui crachèrent dessus ; les os des jambes brisées, le bassin cassé, un flot de sang jaillit de sa bouche.

— Ce sang impur souille la terre de nos ancêtres, hurla le Chinois. Enlevez-moi ça d'ici !

Un officier s'approcha, dégaina son pistolet et tira une balle dans la nuque du prisonnier. Il s'adressa ensuite à nous :

— Nous allons rester quelques jours ici. En tuant ce chien immonde, vous avez servi votre patrie, vous avez fait des progrès. Mais vous avez besoin d'être mieux éduqués. Votre village va être transformé et vous serez intégrés à une commune. Ceux qui ne se plieront pas à nos lois seront sévèrement punis.

Les ans singe-feu, oiseau-feu et chien-terre (1956, 1957 et 1958) furent terribles pour notre peuple. Quatorze divisions chinoises avaient pris possession du Kham, plus de cent cinquante mille hommes. Les Khampa fuyaient leur région, les Amdowa – habitants de l'Amdo – aussi ; beaucoup préféraient le suicide à la torture, les moines et les nonnes essayaient d'échapper aux massacres ; rattrapés, ils étaient enterrés vivants dans des fosses communes, immolés par le feu ou massacrés à coups de machette. Des bombardiers Illyouchine II-28 pilonnaient les monastères [1], ne laissant derrière eux qu'un amas de ruines, et mitraillaient ceux qui tentaient de trouver refuge dans la montagne, souvent à plus de cinq mille mètres d'altitude. Les premiers contingents de colons s'étaient installés ; les villages tibétains étaient rayés de la carte et aussitôt remplacés par des cités chinoises. Pour « liquider » mes compatriotes, pour « vider » un village de toute vie, les Chinois n'avaient pas besoin de preuves ; des soupçons suffisaient et, trop souvent, la barbarie d'un chef de district ou d'un seigneur de guerre faisait le reste, comme ce fut le cas à Deki Rabdam.

En 1956, Panchen Rinpoche avait reçu la visite du maréchal Chen Yi, vice-Premier ministre de la République populaire de Chine. Mao avait décidé de mater toute forme de rébellion au Tibet ; l'envoi d'un de ses bras droits à Lhasa et à Shigatse marquait son inflexible détermination à appliquer l'« accord en dix-sept points ». À l'époque, on laissait entendre que Chökyi Gyaltsen, qui venait

1. Le 1er juin 1956, en représailles contre une vaste offensive tibétaine, l'armée chinoise bombarda et détruisit totalement le monastère de Lithang après deux mois de siège.

d'avoir dix-huit ans, et le conseil des Khenpo avaient exigé une application urgente des réformes prévues dans le traité, en proposant de transformer Shigatse et ses environs en zone expérimentale, dans le cas où la résistance empêcherait de les étendre à l'ensemble du territoire. Un cadre communiste séjournait à demeure à Tashilhunpo et avait ordre d'enseigner la langue chinoise au Panchen-Lama. Du nord au sud et de l'est à l'ouest, la majorité d'entre nous pensait qu'« il n'y avait plus de place dans son cœur pour les Tibétains », à tel point que nous l'avions surnommé le « lama rouge ». Quelle grave erreur nous commettions là ! Comment avions-nous pu imaginer une telle trahison ? Comme nous avions mal perçu la force intérieure de Panchen Rinpoche ! C'était aussi ne pas connaître son sens de l'honneur et son patriotisme ! Pékin avait voulu imposer au Tibet l'autorité absolue du parti, en soumettant notre peuple à d'incessantes campagnes de répression, auxquelles nul ne pouvait se soustraire, y compris et surtout Kundun et Panchen Rinpoche. Durant les années qui suivirent, ce dernier n'eut pourtant de cesse de réclamer aux autorités communistes des écoles pour les jeunes Tibétains et des hôpitaux ; les promesses répétées de Pékin n'étaient malheureusement que propagande et manipulation.

Lorsque, après de multiples négociations, le maharadjah Kumar du Sikkim put convier les deux principales autorités spirituelles du bouddhisme tibétain aux fêtes de Bouddha-Jayanti[1], Chökyi Gyaltsen savait-il que Gyalo Thondup partageait avec son

1. En novembre 1956, l'Inde célébrait par ces festivités le deux mille cinq centième anniversaire de la naissance du Bouddha.

frère, le Dalaï-Lama, une même analyse sur la nécessité d'entreprendre de profondes réformes dans notre pays ? Le temps lui en avait manqué. Connaissait-il le rôle de Gyalo Thondup qui vivait depuis deux ans déjà à Darjeeling ? Celui-ci y avait fondé le *Comité d'aide sociale pour le Tibet*, une base stratégique dont les principaux objectifs consistaient à recueillir des renseignements et à organiser la résistance contre l'envahisseur chinois.

À leur retour, les deux hommes qui avaient vécu ce séjour en Inde sous forte surveillance chinoise avaient-ils pris conscience de leur impuissance à régler le problème tibétain ? Vraisemblablement, et leurs souffrances ne devaient en être que plus vives. Kundun évoquait parfois avec son entourage la photographie qui montrait une rangée de têtes coupées, des « réactionnaires du Kham », disait le journaliste chinois. Il savait, par tous les témoignages qu'on lui avait déjà rapportés que Pékin ne s'en tiendrait pas là. La prophétie du treizième Dalaï-Lama prenait ici tout son sens.

Lorsque les deux lama revinrent en l'an oiseau-feu (1er avril 1957), l'Amdo et le Kham étaient un champ de ruines. Les réfugiés, cinq mille, dix mille, vingt mille, peut-être plus, se massaient dans les environs de la capitale, épuisés, dans un état de dénuement total. Un an plus tard, en l'an chien-terre (1958), le conflit s'était déplacé vers le Tibet central ; Lokha, au sud-est de Lhasa, devint un des centres de la résistance. Plus question désormais de divisions ; tous les Tibétains se sentaient concernés par le génocide. Un marchand de Lithang, Gompo Tashi Andrugtsang, avait recruté des hommes sous une même bannière, l'*Armée nationale des volontaires de la défense.* Leurs armes étaient généralement volées sur les cadavres ennemis ; leurs attaques, rapides, brutales énervaient les autorités communistes : les pertes étaient lourdes. Prisonniers, les résistants étaient torturés, dépecés vivants ; finalement abattus, leurs corps étaient jetés dans la rivière ou tout simplement abandonnés aux rapaces ; certains préféraient se tirer une balle dans la bouche plutôt que de se laisser attraper. Pour la majorité de ces Tibétains, Kundun faisait le jeu de la Chine ; pour les autorités communistes, il devenait un personnage de plus en plus gênant, qu'il valait mieux songer à éliminer. Pris entre deux feux, incompris par les uns et soupçonné par les autres, notre souverain devait vivre bien mal cette situation.

Pendant toutes ces années, la plupart des six mille deux cents monastères avaient été vidés de leurs principaux objets sacrés [1], et rasés ; en 1959, il n'en restait que deux mille sept cents. De plus en plus de moines, fuyant les désastres, affluaient vers la Région autonome, où l'errance et la mort les attendaient aussi.

Un événement d'une extrême importance se produisit alors : la fuite du Dalaï-Lama, en l'an cochon-terre, dans la nuit du 16 au 17 mars 1959. À Tashilhunpo, le Panchen-Lama ne fut informé des événements que le 20 mars. On se garda bien de lui raconter l'exacte vérité, en lui annonçant qu'une contre-révolution fomentée par le Kashag avait été

1. Ceux-ci avaient été transportés vers Pékin pour enrichir les trésors communistes, ou vendus sur les places financières – Singapour, Hong Kong, Macao –, histoire de renflouer les caisses de l'État.

matée par l'Armée populaire. Lorsqu'il demanda des nouvelles de Kundun, il lui fut répondu :

— Il aurait été kidnappé par des éléments contre-révolutionnaires qui se seraient dirigés vers Lokha...

À toutes les autres questions qu'il posa, Panchen Rinpoche n'obtint aucune réponse.

— Que le Bouddha veille sur lui et sa famille ! Puisse-t-il encore être vivant et nous revenir très vite !

À Deki Rabdam, la présence communiste avait transformé le paysage, la vie de chacun. Notre village avait été intégré dans une commune expérimentale qui regroupait une centaine de familles – certaines pouvaient en compter jusqu'à deux cents. La réforme agraire[1], imposée par Pékin, se révélait être un désastre pour notre pays. Les autorités avaient réduit les fermages, annulé les dettes qui réduisaient les paysans au servage. Étaient arrivés dans les hameaux, dans les villages des membres du parti, des étudiants tibétains formés à l'école communiste, activistes intransigeants. Sous la protection des militaires, ils avaient pour ordre de pourchasser les aristocrates et les nobles, les commerçants, les propriétaires terriens, laïcs et religieux ; poussés à l'abandon de tous leurs biens, ils étaient contraints à la fuite ou au suicide, et si on les attrapait, ils étaient

1. La loi fut promulguée en Chine le 18 mai 1950. Quarante-six millions d'hectares de terres furent réquisitionnés et redistribués à trois cents millions de Chinois, paysans pauvres ou sans terre. Quinze millions de propriétaires furent dépouillés de tous leurs biens.

aussitôt transférés vers une destination inconnue, généralement dans des camps de travail de Chine ou du Tibet ; on les revoyait rarement. Le slogan des nouveaux maîtres du Tsang était : « production d'abord ! » La propagande touchait les plus miséreux de la population : ils avaient la possibilité de sortir d'une situation médiocre pour devenir les présidents ou les contremaîtres d'une force populaire en pleine évolution ; la seule condition, car il y en avait bien évidemment une : ils devaient dénoncer les « réactionnaires ». S'ils ne le faisaient pas, ils étaient systématiquement soumis au jugement public, en subissant les sévices les plus cruels. Les séances de thamzing étaient notre lot quotidien.

À Deki Rabdam, les Chinois avaient formé des « leaders » qui avaient ensuite été envoyés dans les autres régions pour ouvrir d'autres communes. Selon des rumeurs persistantes, on racontait que le nôtre était un Khampa, ancien résistant converti à l'idéologie communiste. Mais souvenez-vous toujours de ce que dit Tsongkhapa : « Un ami peut devenir un ennemi, et par conséquent un ennemi peut devenir un ami. » En fait, les volontaires se faisaient rares, et il n'était pas rare, non plus, de voir débarquer le chef du district, des soldats armés, de jeunes activistes d'une féroce arrogance ; rassemblant la population sur la place du village ou du hameau, ils procédaient à un vote à main levée ; forts d'un document signé sous la pression, ils pouvaient poursuivre leur propagande ; lorsqu'un « leader » désigné refusait de se soumettre, les Chinois s'en prenaient à sa famille. S'il collaborait, il recevait de l'argent, des céréales, enfin toutes les faveurs qu'un occupant pouvait promettre.

— Vous voilà enfin entrés dans l'ère moderne, nous répétaient-ils chaque jour.

En fait, les conditions de vie dans notre commune, comme dans toutes les autres, étaient déplorables. Nous devions subvenir à nos propres besoins, mais voler au secours d'une commune voisine, dès lors qu'elle était en difficulté. Seulement voilà, les occupants nous imposaient un système de rationnement : trente *gyamas* – quinze kilos environ de nourriture par personne et par mois. Dans ce quota n'était pas prise en compte la part des personnes âgées ou celle des personnes dans l'incapacité de travailler. À comparaison, les fermiers, pauvres ou riches, d'avant l'invasion de 1949, avaient suffisamment d'huile, de beurre ou de viande pour subvenir aux besoins de tous les membres de leur famille, jeunes ou vieux. Avec cette forme de politique sociale, « progressiste », les Tibétains devaient tout au long de l'année se contenter de tsampa et de thé noir. Quant aux Chinois, ils percevaient entre trente et trente-cinq gyamas de riz et trois gyamas et demi d'huile par personne et par mois. L'intensification du travail savamment gradué minimisait toute tentative de révolte ; et, la politique de sédentarisation des nomades avait fini par provoquer une nouvelle famine, plus grave que celle qui nous avait frappés en l'an tigre-fer et lièvre-fer (1950-1951), à l'arrivée des troupes chinoises. À Shigatse, un comité de solidarité populaire réglementait la vie, et nous avions vu disparaître très vite les quelques marchands qui commerçaient régulièrement avec l'Inde ; bien plus tard, j'appris qu'ils avaient succombé dans les camps et que leurs biens avaient été redistribués aux petits commerçants, généralement des pauvres qui se trouvaient investis d'un rôle qui leur était totalement inconnu jusque-là : la délation. Aujourd'hui, la plupart des boutiques de Shigatse sont tenues par des Chinois.

Les cérémonies du losar de l'an souris-fer (1960) avaient débuté de manière presque anodine. Malgré la présence chinoise, les villageois continuaient à s'adonner aux célébrations ; ayant appris par une radio clandestine que Kundun avait réussi à rejoindre l'Inde et qu'il y avait formé un gouvernement d'exil, nous vivions tous avec le secret espoir de son retour. Je continuais à grimper le sommet de la colline, et je redisposais régulièrement sur le chörten les pierres déplacées par le mauvais temps. J'avais aussi remis quelques drapeaux à prières pour apaiser les divinités courroucées. Alors qu'une nuit, je me trouvais en cet endroit, j'avais observé toutes sortes de phénomènes dans le ciel, des étoiles filantes sans doute, et j'en ressentis un étrange pressentiment, d'autant plus qu'au lever du jour, j'avais entendu croasser les corneilles par groupes de quatre. Longtemps après, alors que le ciel était d'un bleu paisible, je me pris à dire ces mots de Milarépa :

Je regarde la lune et le soleil là-haut
Et découvre soudain la luminosité de l'esprit.

J'éprouvai le besoin de rejoindre mon oncle, qui avait dû abandonner le monastère pour celui d'une nonnerie. Le sien avait été totalement détruit par les villageois voisins, encadrés de militaires. Ils avaient mis le feu aux livres, et des moines avaient été immolés au cours d'une séance de thamzing. Je marchai sept heures dans la plaine, avant de grimper sur le versant. Le soir tombait, et je dus me protéger des animaux sauvages et des patrouilles dans une grotte. Mais ce lieu n'était pas inhabité. Lorsque mes yeux se furent habitués à l'obscurité, je le vis, l'ermite qui, dans le dénuement le plus total, chantait Shantideva :

L'origine de toute joie en ce monde
Est la quête du bonheur d'autrui ;
L'origine de toute souffrance en ce monde
Est la quête de mon propre bonheur[1].

Je m'assis en face de lui. Le sol était nu et froid ; il y avait juste l'emplacement d'un feu, des cendres se consumaient encore ; quelques branches de genévrier et de peuplier, un peu d'encens, des bols, une image de Kundun. Quelle divinité m'avait poussé en ce lieu ? Pour la première fois de ma vie, j'étais incapable de saisir totalement la réalité de cette rencontre. J'entendais le murmure apaisant de ses mantra ; assis sur son coussin de méditation, il avait fermé les yeux et semblait m'avoir oublié. « La luminosité de l'esprit... », ce qu'il y avait de pire, c'était de rester ainsi, à attendre ; j'étais incapable de me concentrer, et de prier. Je pensais à ma famille restée à Deki Rabdam. Je bougeai une jambe, sursautai ; nous n'étions pas seuls dans cette grotte. Un animal grogna. Un chien, un loup ?

— N'aie pas peur. Elle est venue ici pour mettre bas. Depuis, nous partageons cette grotte.

La louve s'approcha, me frôla, me huma ; je

1. *La marche vers l'Éveil.* Shantideva est un sage mystique du VIIe siècle.

sentais qu'elle me jaugeait. Une louve de couleur fauve, avec de grosses tétines sombres, gonflées, suivie de ses cinq petits, qui, sans plus prêter la moindre attention à moi, retourna dans la pénombre pour les nourrir. J'épongeai la sueur de mon front. L'ermite m'invita à réactiver le feu, à boire le thé. Je le servis, et, pendant que je buvais dans un bol qui avait appartenu à mon jeune frère, il continua de réciter des mantra.

Dans le noir absolu qui précédait les premières lueurs de l'aube, je fus brusquement réveillé par la louve. Ses yeux étaient rivés à ceux de l'ermite ; elle s'était couchée tout contre lui pour le réchauffer. Ses petits dormaient. Entre le moine et l'animal, je ne perçus aucune méfiance ; je compris soudain, avec une sorte d'émerveillement d'enfant, ce qui se passait entre eux, la confiance, la quête d'un monde meilleur, tout de bonté et de partage. On pouvait peut-être appeler cela le don de soi ou la force de l'esprit.

J'avais emporté avec moi la lumière et la plénitude qui se dégageaient de son visage. Le murmure apaisant de ses mantra résonna longtemps dans ma tête. Mais, très vite, la vie reprit son cours normal.

4

Les vagues de la nuit s'y déchirèrent

Nous ne pouvions plus résister. Nous étions à bout de forces. Il y avait eu plusieurs centaines de tués, rien que dans la région du Tsang[1], des disparitions aussi ; au Tibet, les morts se comptaient par dizaines de milliers. Les Chinois étaient partout, ils sortaient de toutes les pistes, des routes que nous avions construites pour notre propre malheur ; des colonnes entières de camions, d'automitrailleuses sillonnaient le pays. Notre ennemi ? Les communistes bien sûr, mais nous étions également la cause de tous ces événements. Notre haine était peut-être tout simplement de la peur, cette angoisse terrible qui nous étreignait quand des soldats investissaient un village, une commune, un monastère. Nous en avions oublié la compassion qui engendre d'autres qualités humaines, cette compassion qui n'était pas seulement un des enseignements du Bouddha, mais qui prenait sa source dans la responsabilité de

1. Fait aujourd'hui partie de la Région autonome du Tibet.

chacun ; la compassion, c'était notre survie, notre stabilité mentale, à nous bouddhistes tibétains. Nos souffrances, individuelles et collectives, étaient dues à notre karma. Depuis ma rencontre avec l'ermite, il m'arrivait souvent de méditer sur ce que nous étions en train de vivre :

— L'existence cyclique est comme un cratère ardent, m'avait-il dit.

Nous supportions de plus en plus mal les drames qui s'abattaient sur notre peuple, non que nous ayons perdu la foi, mais peut-être nous étions-nous sensiblement éloignés du message essentiel du Bouddha. Les signes n'étaient plus propices à l'insouciance, à la joie ; des fantômes s'entre-dévoraient, et nous en étions les principales victimes. Nous étions condamnés à expier nos fautes. Jusqu'à quand ? Je m'étais promis de revoir l'ermite et de m'appliquer dans cette vie à sortir de la route des ténèbres. Je devais désormais refouler la haine et la peur. En retournant à Deki Rabdam, après m'être longuement confié à mon oncle, avoir revu l'ermite sur le chemin du retour, et invoqué avec lui les divinités pour qu'elles me protégeassent davantage encore, j'avais pris une décision importante : méditer sur nos souffrances pour mieux en appréhender la teneur et préparer des renaissances plus heureuses. La collaboration s'engendrait dans les entrailles de la terreur. Elle nous condamnait à jouer le jeu de la Chine. Comme la haine pouvait vaincre tous les bons sentiments de l'être humain, c'était le piège dans lequel il ne fallait surtout pas tomber ; elle donnait naissance à l'exploitation de l'homme par l'homme, à la soumission, prémices du ralliement. Trop souvent, celui-ci entraînait la trahison. Après, tout allait si vite ; l'occupant avait mis en place un jeu sournois et tragique, celui de la vie et de la mort. Il suffisait de collaborer pour obtenir la grâce ; et pour un rien, sans même comprendre, on était éliminé.

Lorsqu'un Tibétain était abattu par un Chinois, nous étions obligés de nous amuser ; c'était la joie des vainqueurs, des tortionnaires, la joie de notre peuple « sauvé de l'esclavage et de l'impérialisme ». Nous gesticulions sous les oriflammes rouges et les effigies du Grand Timonier, c'était la liesse totale d'un peuple libéré. Quand je devais danser et chanter ainsi devant les corps désarticulés de mes compatriotes, j'éprouvais de la honte et, je l'avoue, une colère sourde, mais toujours ce chagrin qui m'étreignait et qui transformait peu à peu ce sentiment de haine en compassion, *Om Mani Pémé Hum*.

À Deki Rabdam et dans ses environs, de nombreux Tibétains mouraient de faim. Les Chinois nous avaient obligés à remplacer la culture de l'orge, base de notre nourriture, par du blé qui n'arrivait pratiquement jamais à maturité. Les conséquences en étaient dramatiques ; et comme nous avions interdiction de laisser des terres en jachère – ce que nous pratiquions régulièrement avant l'invasion –, les pâturages d'hier étaient devenus de vastes étendues inutilisables. Dans les régions agricoles, la population était contrainte à la mendicité et à l'errance. À Shigatse par exemple, les petits commerçants n'étaient plus qu'une minorité qui, au moindre écart, subissait les critiques et les bastonnades.

En l'an souris-fer (1960) Panchen Rinpoche occupait la fonction de président par intérim de la *Commission préparatoire pour la Région autonome du Tibet* et celle de vice-président du *Congrès national du peuple*. Nous le savions souvent à Pékin, et lorsqu'il était présent à Tashilhunpo, il se trouvait dans l'impossibilité de nous adresser le moindre message de soutien, tant sa marge de manœuvre était réduite. Nous en avions pourtant tant besoin. Le dixième Panchen-Lama était-il vraiment un traître à notre patrie ? La majorité d'entre nous le croyait ; rien ne nous permettait d'ailleurs de penser le contraire. Nous étions cependant quelques-uns à lui apporter tout notre soutien et à croire encore à son entière intégrité envers le peuple tibétain. Chökyi Gyaltsen voyageait beaucoup à travers le territoire, notamment dans les régions du Kham et l'Amdo[1] ; il se rendait régulièrement à Lhasa, où il avait une résidence. Partout où il passait, il ne voyait que misère et souffrances. Profitant de son séjour dans la capitale chinoise et d'une rencontre en tête à tête, il supplia Mao Tsé-toung de faire cesser les atrocités commises contre le peuple tibétain, et en appela à son bon sens :

— Préservez l'éducation de nos enfants et la liberté religieuse, soignez nos vieillards en construisant les hôpitaux que vous nous avez si souvent promis, augmentez les rations alimentaires de chacun, car nos terres se sont appauvries et la famine fait de terribles ravages ; ce ne sont là que des actes dignes qui honoreront davantage encore le Parti communiste chinois.

Rien n'y avait fait. Mao avait constamment évoqué

1. Le Tibet avait perdu plus de la moitié de sa superficie et ne comptait plus que deux millions d'habitants dans la région dite « autonome ». Le Kham et l'Amdo étaient désormais intégrés à des provinces chinoises : Yunnan, Sichuan, Gansu, Qinghai.

« le Grand Bond en avant[1] », les bienfaits de la collectivisation et de ses communes populaires. La stricte application de sa politique ne pouvait qu'apporter le bonheur aux Tibétains, en propulsant notre société dans un développement que seul notre enthousiasme de masse pouvait mener à terme. Ses propos, si réalistes et modérés fussent-ils à ce moment-là, juraient avec ce qui se passait réellement sur le terrain. Personne ne pouvait nier l'évidence : le Tibet subissait de plein fouet l'échec de la politique du « Grand Bond en avant », avec des conséquences inimaginables pour notre peuple.

À la fin de leur entretien, Panchen Rinpoche avait simplement dit à Mao :

— Si l'on se réfère à la théorie communiste, c'est-à-dire à votre théorie, l'État finit toujours par disparaître ; il en va de même dans le bouddhisme tibétain : la religion ne servira plus à rien dès lors que les hommes seront devenus parfaits.

En cette année souris-fer, le dixième Panchen-Lama venait d'avoir vingt-deux ans. De retour à Tashilhunpo, sa vie bascula ; la mienne et celle de ma famille aussi.

C'était le printemps. À Shigatse, les haut-parleurs diffusaient les slogans pour une société idéale, entrecoupés de chants patriotiques chinois. Rares étaient les Tibétains dans les rues de la cité ; les plus jeunes des hommes avaient disparu ; des femmes, bravant

1. En 1958, la production chinoise devait augmenter de 33 % l'an. Le 25 janvier 1958, Mao avait donné l'ordre de « rattraper l'Angleterre en quinze ans ».

les ordres, circulaient, tête baissée vers le sol, autour du lingkor, elles déroulaient leur mala et récitaient des mantra, la foi toujours, l'espoir encore d'un retour de Kundun ; des enfants, affamés, squelettiques, fouillaient les détritus abandonnés par les militaires. Lorsqu'ils étaient surpris par une patrouille, ils étaient chassés à coups de botte. Des mères, dont les enfants s'affaiblissaient de jour en jour, mélangeaient leur propre sang avec des restes de tsampa, des vieillards se laissaient mourir. On voyait de plus en plus de jeunes se jeter dans la rivière ou sous les roues des camions.

Confronté chaque jour à des situations aussi tragiques, une prière du septième Dalaï-Lama[1] que, lors d'un de mes passages dans son monastère, mon oncle m'avait apprise, me revenait sans cesse en mémoire :

Dans les paradis inférieurs, les dieux querelleurs
se mutilent les uns les autres.
Dans les enfers étouffants, on fait bouillir, on fait
brûler ;
On est transpercé par les armes.
Dans les enfers glacés, les corps
craquent et explosent ;
Les esprits errants souffrent
De la faim, de la soif,
De la fatigue, de la peur.
Les animaux, s'entre-dévorant,
sont soumis, battus, abattus.
Les ignorants des méthodes spirituelles
subissent, seuls, toutes les misères.

1. Kelsang Gyatso (1708-1804).

Dans le même temps, la situation à Tashilhunpo s'était fortement dégradée. Les divinités protectrices semblaient nous avoir totalement abandonnés. À la place des voix bourdonnantes, des chants sacrés, des murmures imperceptibles des mantra, on n'entendait plus que les cris de douleur, les hurlements de terreur, provoqués par les tortures. Le monastère avait été investi par des activistes, dont le but était de le vider de tous les « réactionnaires » restés fidèles au Dalaï-Lama. Ils avaient amené des femmes, et, chaque matin, un groupe mixte de danseurs chinois évoluait dans la cour. Les moines servaient de spectateurs et, lorsqu'ils manquaient d'enthousiasme, suivaient irrémédiablement de cruelles séances de thamzing. Plongés dans la détresse la plus totale, leur guide spirituel le plus souvent absent qui sillonnait alors le pays dans une jeep arborant le drapeau chinois, seule la mort était pour eux synonyme de délivrance.

Ceci se produisit à Deki Rabdam au cours d'une nuit de juillet de l'an souris-fer. Il était environ trois heures du matin. Un vacarme étourdissant me réveilla. Des automitrailleuses nous encerclaient. Les soldats investissaient les lieux, pénétraient dans les demeures, faisaient sortir tous les hommes et les regroupaient sur la place du village. Les moines qui se cachaient étaient abattus sans la moindre sommation. Les Chinois ne faisaient plus la guerre au Tibet ; ils *pacifiaient*. Des mitrailleuses lourdes étaient pointées sur nous. Combien allaient-ils encore tuer d'hommes, de femmes et d'enfants ? Nous, les hommes, nous fûmes triés : les jeunes d'un côté, les vieillards de l'autre. Celui qui opposait un peu de résistance était décapité. Certains furent enchaînés. C'est alors que le chef du district s'approcha de mon père. Pala fut poussé sans ménagement au centre du groupe.

— Combien as-tu tué de Chinois ? demanda l'interprète.

— Je n'ai jamais tué personne. Vous vous trompez. Je ne suis qu'un pauvre paysan.

— Vous êtes un traître à la mère patrie. Vous renseignez les résistants ; vous les hébergez, leur fournissez des armes.

— Ce n'est pas vrai.

— Cet homme nous l'a dit. Il te connaît et te surveille depuis longtemps.

Nul ne connaissait cet individu dans notre famille. Le chef du district se tourna vers les différents groupes. L'heure du thamzing avait sonné. Je n'avais jusqu'ici jamais imaginé un seul instant que l'on pouvait pousser si loin le mépris de la vie humaine. Les Chinois organisaient ces séances, savamment orchestrées, dans le but de nous laisser nous entretuer, et ils y parvenaient parfaitement. Non seulement, mon père, enchaîné, rossé par ses propres amis, ses voisins, était obligé de reconnaître des fautes qu'il n'avait jamais commises, mais il n'était plus considéré par les siens comme un être humain jusqu'alors respecté de tous. Lorsque mon tour vint de le frapper, de l'injurier, il eut juste le temps de me souffler dans un murmure de sang :

— Tue-moi, mon fils !

Des cris hystériques, des mots orduriers, des crachats, des pierres tombaient sur pala, lancées par les enfants.

— Dites qu'il est un scélérat, un agent du bandit qui vit en Inde.

Les bras se tendirent, féroces, accusateurs :
— Il est le traître.
— Il doit mourir.
— Il est la honte de notre village.
— On doit le tuer.

Et ils frappaient, avec une violence déployée par l'excitation, par la vue du sang. Les soldats chinois riaient. Je battais mon père, comme les autres, mais j'essayais d'éviter son visage, son foie ; et j'entendais leurs moqueries. Un soldat me donna un coup de bâton électrifié sur le creux de l'épaule. Je hurlai de douleur.

— Tape plus fort, chien galeux, ou tu prendras sa place.

La nuit de l'horreur, et un étrange enchaînement. Le piège infernal s'était refermé sur moi, sur ma famille. Le thamzing durait ; pala, son corps n'étaient que plaies ouvertes, ses bras broyés, ses épaules démises, ses lèvres deux morceaux de chair accrochés aux restes du menton. Combien de temps ce supplice avait-il duré ? J'étais incapable de le dire. Pala s'était effondré ; cette fois, il recevait des coups de pied de sa propre mère, de sa femme, de ses proches.

— Frappez ! Encore, plus fort. Ce porc galeux ne souffre pas assez.

Il vivait encore lorsque je m'approchai de lui. Au risque d'y laisser ma vie, j'avais décidé d'abréger son calvaire. Un de ses yeux avait été arraché, mais il me distinguait encore. Il savait que j'allais le tuer. Je posai délicatement ma main sur sa nuque, je sentis qu'il s'abandonnait à mon geste ; un coup sec, les cervicales cédèrent. Les Chinois n'avaient rien vu. Les coups pleuvaient toujours. Pala était mort.

J'endurais un terrible supplice. Je me promis de le venger un jour ; cependant sans éprouver la moindre haine.

Le chef du district avait à nouveau pris la parole :

— Si vous persistez à soutenir la résistance, à implorer le Dalaï-Lama, vous serez inexorablement exterminés, car vous serez des traîtres en puissance. Vous êtes des loques, et vous mourrez comme tels. La mère patrie, notre Chine, n'a pas besoin d'excréments comme vous. Vous n'êtes pas dignes de la vie qu'on vous a donnée.

Il fit un geste. Les mitrailleuses crachèrent des rafales saccadées, meurtrières. Un groupe d'adolescents s'effondra, corps enchevêtrés, sanguinolents. Des hurlements de femmes, des plaintes, un officier tira une dernière balle sur chaque nuque.

— C'est un exemple de ce que nous savons faire. Nous reviendrons dans un jour, peut-être deux ou trois, dans une semaine, mais pas plus, et nous prendrons tout ce que vous possédez encore. La mère patrie a besoin de soutien. Vous ne le lui accordez pas. Nous le prendrons.

Lorsque les Chinois furent partis, nous restâmes longtemps sur la place du village, incapables du moindre geste. La haine était un piège que les Chinois nous avaient tendu. En tombant dedans, nous étions tous des morts en sursis.

Il était deux heures de l'après-midi. Nous avions creusé une fosse commune à plusieurs centaines de mètres du village. Nous y avions enseveli tous nos jeunes. Les femmes brûlaient de l'encens, un moine qui avait échappé au massacre entreprit une cérémonie d'offrandes. Nous priions. J'avais refusé que l'on y mît aussi mon père. Là où il gisait, la terre avait absorbé son sang. Je lui ôtai les chaînes, pris le mala qu'il avait continué à serrer dans une main, puis je recouvris son corps d'un linceul blanc. Des chants lancinants, voix brisées par la honte et par le chagrin, voix révoltées contre tant d'injustice. *Om Mani Pémé Hum*.

Le soir tombait lentement sur la plaine. Le village s'était soudainement vidé. J'étais seul, agenouillé près de pala. Je lui disais la prière de Tsongkhapa, celle qu'il m'avait apprise, lorsque j'étais encore enfant :

Il faudra s'en aller les mains vides, et seul,
Dans le tunnel du grand devenir (...)

Ô Lama Tsongkhapa, guru à la bonté incomparable,
Inspire les pensées de vérité à ce mendiant profane.

Nous avions souvent évoqué la mort avec pala, surtout au moment de la disparition de mon jeune frère. Pour nous, bouddhistes, lorsque nous quittons notre enveloppe corporelle, une autre étape est en cours qui nous amène irrémédiablement vers une renaissance ; la moindre trace de karma, de nos vies passées ou de la présente, nous poursuivra comme une ombre. De toute évidence, la mort est imprévisible. Alors que nous passons beaucoup de temps à veiller sur nos proches, à résister à nos ennemis, à les combattre parfois, à accumuler toutes sortes de biens, on se retrouve toujours seul au moment du grand départ. Pala, son corps, le mien, des existences sans substance. *Le Livre des Morts tibétains* nous dit : « Hélas ! Le père et la mère, le grand orage, la trombe, le tonnerre, les projections terrifiantes, tous les phénomènes apparents sont, dans leur vraie nature, illusoires. De quelque façon qu'ils apparaissent, ils ne sont pas réels. Toutes les substances sont fausses et irréelles. Elles sont comme un mirage, impermanentes et changeantes. À quoi bon le désir ? À quoi bon la peur ? C'est considérer le non-existant comme existant. » Pala renaîtrait ami, ennemi, frère, sœur, mon père peut-être dans une de ses prochaines vies ; l'essentiel était qu'il eût une renaissance favorable.

Le temps était venu de la prière et de la méditation. Je voulais rester seul avec lui, et rejoindre l'ermite. Là, je procéderais aux funérailles de celui qui m'avait appris la compassion. Il m'avait donné l'espoir ; à moi de trouver le pardon. La prière n'était pas uniquement faite de souffrances et de douleurs. Sa mort devait être pour moi un exemple ; sa vie m'avait permis d'appréhender les faiblesses de l'être humain : l'ennemi d'aujourd'hui sera l'ami de demain. En emportant le corps de mon père à dos de cheval dans la montagne lointaine, j'avais l'esprit apaisé : avoir une attitude négative n'eût guère été favorable en cet instant.

J'avais marché, trois, quatre, cinq heures, une marche lente, pénible, durant laquelle j'implorais le pardon des divinités. Pour nous, Tibétains, la mort devait être un sujet de réflexion et de méditation ; pour mon père, elle fut un supplice. J'avais cependant la certitude que ma foi n'avait pas été entachée par ce drame. Dans la matinée du quatrième jour, je gravis le versant d'une colline aride, où officiait un dépeceur. Je lui confiai le corps, mais décidai de l'accompagner vers le sommet, en un lieu sacré, connu de tous les rapaces, où l'homme allait découper le cadavre, broyer les os et, lors d'une ultime offrande aux divinités, en mélanger un peu dans un bol, avec de la tsampa. Un vautour déchiqueta le cœur de pala et s'envola dans les airs ; il tournoya un court instant au-dessus de nos têtes, puis disparut de l'autre côté du versant. Il y eut alors un intervalle de temps où tout s'arrêta. Je m'étais assis, à quelques pas du dépeceur qui poursuivait inlassablement sa macabre besogne, et j'invoquai mon maître spirituel, pala peut-être, car, un instant, je le visualisai, aussi transparent qu'un arc-en-ciel. J'étais serein.

Aussitôt les funérailles achevées, je dévalai le versant et, suivi du cheval de mon père, je pris la direction de l'est, où je savais retrouver la grotte de l'ermite. J'éprouvais le besoin de lui conter ce qu'il était arrivé à Deki Rabdam. Mais lorsque je parvins à sa grotte, je ne ressentis plus le besoin d'un tel bavardage. Sans nul doute, connaissait-il déjà la tragédie que je venais de vivre. Mon esprit était entièrement tourné vers les enseignements du Bouddha, la joie, l'amour, la compassion ; je sentais naître en moi la nécessité de changer ma vie, de bouleverser mon quotidien. Comment ? La réponse me viendrait, le temps ne comptait pas.

Dans la grotte, que j'atteignis dans la seconde moitié de l'après-midi, l'ermite, assis sur son coussin, priait. La bouilloire à thé chauffait sur la braise. La louve avait senti ma présence et était venue à ma rencontre, avec une prudence calculée ; ses louveteaux avaient pris de la force, leurs jeux n'étaient plus innocents.

— Je t'attendais, me dit le moine. Assois-toi et partageons le thé.

Nous bûmes, par petites gorgées, jusqu'à la dernière goutte.

— Entends-moi avec l'esprit neuf d'un débutant. Va retrouver ton oncle, mais tu ne verras que des horreurs. Si tu en as encore l'opportunité, parle de nous, et regagne ensuite ton village. Attends l'hiver et rejoins l'Inde. Là-bas, tu recevras une mission bien particulière. N'écoute que ton cœur parler. Fais de ton esprit un outil de sagesse. Les divinités protégeront les actes que tu auras à accomplir. Réfléchis à ce que nous avons eu l'occasion d'évoquer ensemble. Et laisse-toi uniquement guider par les enseignements de tes maîtres spirituels, le Bouddha, Kundun, Panchen Rinpoche...

L'ermite chanta longtemps Milarépa. J'avais seulement retenu ces quelques mots :

Le riche ne sait pas où payer la rançon,
Le brave n'a pas de lieu où donner de l'épée,
Le timoré nul trou où fuir tel un renard.
À ce moment-là chacun tremble en sa chair[1].

Le soleil se couchait, lorsque je pris congé du moine. Je ne devais jamais le revoir, du moins physiquement. Je m'étais éloigné de quelques kilomètres déjà ; le manque d'air ralentissait mes pas, mais la souffrance avait disparu de mon cœur et mon esprit était totalement libéré ; je dirigeai mon regard vers l'espace. *Om Mani Pémé Hum.*

---

1. *Les cent mille chants de Milarépa*, par Marie-José Lamothe, Fayard.

La nuit m'avait obligé à me mettre à l'abri dans une zone particulièrement difficile à franchir. Il y avait un dégorgeoir, tout près d'un col. Protégé par l'anfractuosité d'un rocher, je m'étais drapé dans ma tchouba. La nuit était claire, il n'y avait pas un brin de vent. Le sommeil fut long à venir : ces Chinois qui s'adonnaient à toutes ces exactions contre les Tibétains étaient-ils sincères ? N'était-ce pas, pour eux également, une question de vie ou de mort ? Chez eux, peut-être, avant les communistes, avaient-ils été élevés par leurs anciens, dans la dignité et l'amour ? Emportés eux aussi dans la tourmente, n'avais-je pas obligation de leur pardonner ? La lune diffusait une belle clarté, lorsque je m'endormis enfin.

Les premiers rayons de soleil m'éveillèrent à la réalité qui m'entourait. Mes pensées s'envolèrent aussitôt vers les miens, pala, nos secrets indéfinissables. Un moment, je crus que tout était perdu. Je me remis en route, sans grande détermination. Au bout d'une vingtaine de minutes, totalement courbé par la pente, j'atteignis un gros ruisseau dont le flot nerveux tombait dans le gris laiteux d'un lac. Tout autour, des monts déchiquetés, une neige éparpillée par plaques. Une atmosphère pesante régnait sur ce lieu, comme s'il était habité par les esprits. J'avais trente-quatre ans et peut-être n'aurais-je jamais plus l'opportunité de revenir dans un tel endroit, à moins que, porté par quelque divinité protectrice… Mais tout serait si différent, alors.

Je passai un long moment ici, à regarder les mouvements de l'eau, à écouter la pesanteur des rocs. Parfois une pierre dévalait le versant, un bloc de glace. C'était mon pays que je regardais, le Tibet des légendes, le refuge des déités, « du ciel ce fut le centre, de la terre le milieu, du pays le cœur, des glaciers une enceinte, de tous les fleuves la tête. Montagne haute, terre pure et pays excellent. Un lieu où des hommes sages naissent héros, où la coutume est faite excellente, où les chevaux deviennent rapides »[1]. Était-ce la fin de notre civilisation ? Quel sens donner à tout ce sang versé ? Quelle utilité ? J'avais beau chercher une explication plausible dans le karma collectif de nos vies passées, je me refusais à m'en contenter. Et pourtant…

Il me fallut encore deux jours pour atteindre le monastère où vivait mon oncle. Lorsque je m'engageai sur le chemin qui y menait, un sombre pressentiment m'envahit. Une épaisse fumée noire, des soldats chinois, des Tibétains aussi qui semblaient beaucoup s'amuser. J'approchai autant que cela fut possible. L'horreur s'étalait, à même mes yeux : les murs avaient été rasés, des livres sacrés brûlaient, des statuettes, des *thanka** et trois bouddha en or avaient été chargés sur la plate-forme d'un camion. Mon oncle se tenait au milieu d'une dizaine de moines et d'une trentaine de femmes, enchaînées, totalement dénudées. Leurs robes monacales à leurs pieds. Dans leur regard, la honte, la terreur. Des soldats pointaient leur baïonnette dans le dos des religieux.

— Prenez-moi ces chiennes, baisez-les ! lança un officier qui devait avoir tout juste une vingtaine d'années.

Ce que le « leader » de notre commune m'avait raconté se répétait sous mes yeux : les moines

1. Extrait d'un conte du IXe siècle.

forniquaient avec les nonnes, sous la menace des fusils. Le temps était devenu éternité. Je me retins pour ne pas hurler. Des coups de feu claquèrent. Des ordres secs, le vrombissement des moteurs. Je restai immobile, en quête du sens de cette réalité atroce, inhumaine. Des flots de larmes jaillirent : que venaient faire mes prières au milieu des atrocités, qu'était ma vie dans cette compétition de meurtres, de viols, de tortures ? Quelle était cette justice ? Ces hommes, en uniformes, avaient-ils donc perdu toute sensibilité ? Ne leur restait-il pas, dans un coin, un brin de honte ? Ce monde des vivants n'était-il que turpitudes, souillures, ignobles jouissances ? Dans mon pays où tous étaient désormais en danger, il n'y avait plus aucune place pour la bonté, encore moins pour la compassion. Fallait-il donc tout abandonner à l'ignominie, à la férocité de l'occupant et de ses serviteurs, pauvres mécréants qui avaient oublié les origines de leur sang. Les communistes avaient tout corrompu, jusqu'aux cœurs les plus purs. La bonté et l'amour achetés pour quelques yuans, au nom d'un paradis qui n'avait pas d'autre sens que les errances d'un peuple opprimé.

Il me fallait aujourd'hui regarder au-delà de Deki Rabdam. Au Tibet, les Chinois s'étaient emparés du cœur et de l'esprit de certains ; en échange, une liberté artificielle. La paix leur était de toute façon inaccessible. Dans les pires turpitudes, il n'y avait plus de place pour les enseignements du Bouddha, aucune espérance pour Kundun et pour Panchen Rinpoche ; les Chinois se servaient même de leur image, de leur sagesse, sachant pertinemment que les touristes occidentaux viendraient toujours, soit par pure naïveté, soit par curiosité malsaine. À grands coups de dollars, on peut toujours trouver légitime de visiter des monastères et des temples reconstruits par des prisonniers sortis à coups de matraque des camps de travail, pour servir les funestes desseins d'une idéologie corrompue de Pékin à Lhasa.

Depuis l'arrivée des Chinois dans notre pays, nous n'avions guère changé nos traditions. Des photos de Tenzin Gyatso, le quatorzième Dalaï-Lama, et de Chökyi Gyaltsen, le dixième Panchen-Lama, circulaient par la bande[1]. Mais les lieux sacrés, visités par les touristes et donc davantage surveillés, se voyaient interdire toute manifestation d'attachement à leurs deux maîtres ; à cette époque, il y avait très peu d'Occidentaux, car les autorités maintenaient fermées les frontières. Certes, beaucoup de Tibétains avaient adopté les attitudes de leurs ennemis, mais la plupart avaient su préserver leur esprit, et, rien qu'en cela, ils faisaient preuve d'une farouche volonté de résistance, patiente et probablement un jour victorieuse. Seul le temps jouait contre eux. Encore que…

La nuit avait enveloppé la colline ; je n'entendais plus que le grouillement et les gloussements des rapaces qui déchiquetaient toujours les cadavres. Le monastère brûlait encore. Je sortis de ma cache et m'approchai. Mon visage était livide, et je mordais ma tchouba pour m'empêcher de hurler. Je ne voulais pas pleurer, et pourtant… Je dus d'abord chasser les aigles, les vautours et les loups ; puis, je

1. Les boutiques chinoises de Lhasa et d'autres bourgades en sont aujourd'hui remplies, mais elles n'ont que peu d'intérêt pour les Tibétains : elles servent avant tout à la propagande de l'occupant.

me mis à chercher le corps de mon oncle. Il me fallut plus d'une heure pour le trouver. Je le traînai vers le foyer le plus actif et le poussai dedans. Je fis ensuite de même avec toutes les victimes, moines et nonnes, dont les visages à peine reconnaissables trahissaient une frayeur bestiale ; outre les rapaces qui s'étaient largement servis, les restes témoignaient malgré tout des atrocités subies, des tortures. Je vomis.

Lorsque j'eus terminé, je me réfugiai derrière le mur du monastère, à l'abri du vent, j'invoquai les divinités, et m'endormis. Ce ne fut que dans la matinée, lorsque le soleil était déjà haut levé, que je me décidai à retourner à Deki Rabdam. Mais pour moi, plus rien ne serait comme avant. Un instant, je songeai à mon avenir ; ma vie avait totalement basculé et je m'éveillai de plus en plus aux réalités de notre pays. J'en tirai malgré tout un curieux optimisme. Les présages de l'ermite se réalisaient. Les souvenirs n'en étaient pas encore vraiment. Pala, mon oncle, les nonnes violées, la résistance, les survivants des camps de travail ; de ceux-là, j'en avais rencontré très peu, et ils n'aimaient d'ailleurs guère évoquer les atrocités qu'on leur avait fait subir, sur les rives des rivières du Kham et de l'Amdo. Au moindre signe de faiblesse, ils allaient servir de nourriture aux poissons. Rescapés sans visage, sans voix, leurs rituels de survie tous identiques passaient par le silence et la renonciation. Une image cependant les réunissait, les fosses communes où, corps figés dans la mort, tous les autres avaient été entassés. Dans le Tsang et dans la Région autonome du Tibet, ce que nous avions commencé à subir, était la copie conforme des atrocités commises dans les autres provinces du Tibet : défilés militaires, installation de casernes – baraquements branlants au cœur des vallées, à quelques pas des monastères, arrivée de prostituées chinoises, déplacées comme du bétail au gré de l'implantation des troupes ; colonnes de voitures blindées, plates-formes emplies de moines et de nonnes enchaînés en chemin pour le non-retour ; zones interdites transformées en dépotoir nucléaire. Traditions blessées, cœurs enflammés : on nous reprochait le servage, nous étions tombés dans l'esclavage, dans le néant.

Dans les années 60, le présent n'en finissait pas, mais nous n'avions déjà plus d'avenir. Personne ne venait compter les cadavres qui jonchaient notre terre ; de l'herbe poussait sur les corps à peine recouverts de poussière ; un bras sortait quelque part, comme un ultime appel... Mais le monde entier nous avait oubliés.

5

Une lampe chasse-t-elle la nuit ?

La souffrance et la douleur faisaient partie d'un lent processus de purification. Je ne le compris que bien tardivement. Pour l'heure, je vivais les événements comme autant de chocs. Lorsque l'incendie se fut éteint sur la montagne, que les corps ne furent plus que cendres, je me remis en route pour Deki Rabdam. J'avais enfourché le cheval de mon père, et le retour dura plusieurs semaines en suivant des chemins tortueux pour éviter les convois militaires. Je rencontrai plusieurs groupes de résistance ; entre deux assauts, ils se consacraient aux pratiques spirituelles et guidaient les fuyards vers l'Inde, le Népal ou le Bhoutan. La mort de pala et de mon oncle était advenue de façon peu ordinaire ; aucun n'avait perdu la foi cependant. Malgré la violence avec laquelle elle avait été provoquée, leur attitude avait manifesté une réelle maîtrise spirituelle. En parcourant les pistes rocailleuses du Tsang, je compris soudain combien ma vie était précieuse ; en la préservant, en poursuivant la lutte, je devenais leur mémoire.

Au cours de ses années d'inspection dans le pays, Chökyi Gyaltsen avait été particulièrement marqué par le martyre de notre peuple, au point qu'il rédigea un document d'une exceptionnelle lucidité. Ce texte de cent vingt pages, qu'il avait intitulé *Soixante-dix mille caractères*, fut remis à Zhou Enlai en l'an tigre-eau (le 18 mai 1962). Panchen Rinpoche y dénonçait sans détour le comportement des Chinois à notre égard et une véritable politique de châtiment fondée sur la responsabilité collective : « Après l'application des réformes décrétées par le pouvoir central, le bouddhisme a subi un sérieux revers ; si vous persistez dans ce sens, sa disparition est inéluctable... Depuis l'introduction au Tibet de la dictature du prolétariat, trop de prisonniers ont trouvé la mort dans les camps ; la population a beaucoup diminué ; si l'on écarte les vieillards, les femmes et les enfants, la plupart des hommes valides des régions tibétaines du Qinghai, de Gansu, de Sichuan et du Yunnan sont aujourd'hui incarcérés sans aucune raison valable... Au Tibet, de l'an cochon-terre (1959) en l'an bœuf-fer (1961), presque toutes les activités liées à l'agriculture et à l'élevage ont été suspendues pendant deux ans. Les nomades n'avaient pas de céréales ; les fermiers ni viande, ni beurre, ni sel. Il est interdit de transporter la moindre nourriture ou le moindre matériau. Les gens ne peuvent plus se déplacer ; même leurs sacs à tsampa leur sont confisqués... Par ailleurs, la population [1] de notre pays a sérieusement diminué. Non

1. Avant l'invasion de 1949, on comptait au Tibet environ six

seulement cela nuit à la prospérité de la race tibétaine ; mais cela constitue aussi un grave danger pour son existence même. Son extinction serait un drame pour l'humanité. » Chökyi Gyaltsen termina son texte en lançant un cri d'alarme que personne n'entendit : « Si l'on prive une nationalité de sa langue, de ses vêtements et de ses coutumes, alors cette nationalité disparaîtra au profit d'une autre, la chinoise par exemple pour nous Tibétains. »

Au Tibet, il y avait les soldats et leur idéologie inébranlable – des purs, insensibles, retors, cruels –, et les fanatiques des yuan – plus tard des dollars –, prêts à tout pour s'enrichir. Pour les uns comme pour les autres, la vie n'avait de sens que dans la manipulation et la corruption. Pour les premiers – au nom de Mao, sur les ordres de ses fidèles –, tout un village pouvait être rayé de la carte ; pour les seconds – au vu de quelques billets – un père pouvait dénoncer son fils, un enfant sa famille, une femme son voisin. La peur et la méfiance étaient donc notre quotidien.

Depuis 1962, Panchen Rinpoche s'attirait régulièrement la colère et la haine des autorités chinoises. Ses *Soixante-dix mille caractères*, que Mao Tsé-toung n'avait pas du tout appréciés, avaient aiguisé la volonté chinoise d'en finir avec le Toit du Monde.

---

millions d'habitants. Plus d'un million deux cent mille Tibétains disparurent entre 1959 et 1979. Des statistiques datant de 1987 évaluaient la population à 5,2 millions ; en 1990, d'autres l'évaluaient à 4,59 millions. Autre exemple Lhasa, avec ses cent trente-cinq mille habitants, ne compte plus qu'un tiers de Tibétains.

Pour ma part, j'étais persuadé que notre pays ne s'en remettrait jamais. Zhou Enlai, alors Premier ministre de la République populaire de Chine, avait bien admis que des fautes avaient été commises au Tibet ; de là à autoriser qu'on s'opposât ouvertement au pouvoir central... C'était un pas que Chökyi Gyaltsen n'eût pas dû franchir. Seulement voilà, le maître de Tashilhunpo ne supportait plus d'être totalement impuissant face aux exactions de l'occupant. Il l'avait dit et répété de nombreuses fois à Mao Tsé-toung et à Zhou Enlai. Lors des cérémonies de la nouvelle année de l'an dragon-bois (1964), Panchen Rinpoche dénonça publiquement l'utilisation que le pouvoir central avait faite de lui : manipulé pendant l'enfance et l'adolescence, il assistait à la destruction des coutumes et au massacre de ses compatriotes. Panchen Rinpoche avait pourtant reçu l'ordre de dénoncer notre souverain. En fait, il fit tout le contraire : « Tibétains, entendez ma voix, clama-t-il fortement. Je suis personnellement convaincu que Gyalwa Rinpoche reviendra s'asseoir sur le sengtri[1] et nous retrouverons notre indépendance. » Dans le Jokhang de Lhasa, nous étions plusieurs milliers de compatriotes à le soutenir dans sa démarche. Un acte de courage que le dixième Panchen-Lama allait payer au prix fort.

C'était le mois d'août. Au petit matin, la caserne de Shigatse connut une effervescence peu ordinaire.

---

1. Trône du Lion, construit selon les instructions des textes sacrés : forme carrée, de bois doré, soutenu par huit lions – deux à chaque coin – également sculptés dans le bois. D'une hauteur d'environ deux mètres ; cinq coussins carrés y sont disposés, recouverts de brocarts de couleur différente.

Ce qui se produisit ce jour-là aurait pu tout aussi bien avoir eu lieu avant. Des automitrailleuses avaient encerclé Tashilhunpo, des officiers en armes investi les temples. Ils fouillèrent les stupa et l'appartement du Panchen-Lama. Aussitôt menotté, il fut emmené avec son tuteur et plusieurs dizaines d'autres moines. Son arrestation ne fut qu'une mascarade de plus dans l'escalade de la terreur. Tout au long des dix-sept jours que dura son procès, Chökyi Gyaltsen avait été accusé d'être un obstacle aux réformes imposées par Pékin :

— Se dévouer corps et âme, viser au plus haut, construire le socialisme, telle était votre mission, lui avaient répété inlassablement ses juges.

Pour la première fois, le dixième Panchen-Lama dut subir de terribles thamzing auxquels participaient des cadres communistes, certains dignitaires de Tashilhunpo pro-chinois et des moines transportés de force sur les lieux du « crime » : ses compatriotes l'accusaient de tous les méfaits qu'on pût imaginer à l'égard de Pékin ; comme Kundun avant lui, Panchen Rinpoche était à son tour banni et tenu pour « réactionnaire ». Ces continuelles séances d'autocritique étaient devenues une véritable institution, à laquelle plus personne ne pouvait échapper. Panchen Rinpoche avait alors vingt-six ans. Depuis l'âge de onze ans, il avait subi tant d'humiliations qu'on pouvait désormais vraiment craindre pour sa vie.

Au mois de décembre 1964, Panchen Rinpoche avait disparu ; sa famille également. À peine deux ans plus tard, en l'an cheval-feu (mai 1966) [1], Mao

---

1. Nehru est décédé depuis 1964. Son successeur, Lal Bahadur

Tsé-toung, un temps déstabilisé au sein du comité central du Parti communiste, utilisa la jeunesse chinoise pour une « vaste » reconquête du pouvoir. Dans les rues de Pékin, plusieurs centaines de milliers d'adolescents fanatiques se rassemblaient en brandissant le *Petit Livre Rouge*[1]. Bientôt ils furent dix, vingt, trente, cinquante millions à obtenir le droit de mettre la Chine[2] à feu et à sang, au nom de leur idole septuagénaire. L'explosion allait évidemment toucher le Tibet de plein fouet, avec de terribles conséquences.

Vingt mille gardes rouges qui avaient abandonné les écoles et les universités pour mieux « s'occuper des affaires de l'État » avaient pris possession de notre pays, de nos vies aussi, pour une décennie particulièrement meurtrière. En vérité, nous pensions avoir touché le fond après déjà tant d'années d'occupation ; il n'en était rien. Beaucoup de ces gardes rouges n'avaient pas encore seize ans ! Et pourtant ! Ils sillonnaient de long en large les provinces et les districts, rasant les demeures, incendiant les hameaux et les bourgs, ravageant les lieux sacrés – autels des particuliers, temples et monastères. Lorsqu'ils investissaient un village, ils ne laissaient derrière eux qu'amas de ruines fumantes et deuils. La population vivait dans la terreur et la suspicion. Au gré des délations, on était torturé,

---

Shastri, est victime d'une crise cardiaque, alors que, par le traité de Tachkent, il venait de mettre fin à la guerre qui opposait l'Inde au Pakistan (1965-1966). Indira Gandhi lui succède.

1. Un an auparavant, Mao avait dit à André Malraux : « C'est sur les pages blanches qu'on trace les plus beaux traits. »

2. À Pékin, en deux mois, ils « visitent » quelque 33 695 familles, poussent 1 772 personnes au suicide.

transféré – surtout les hommes jeunes, moines et laïcs –, assassiné. Quelques mois plus tard, des résistants khampa m'apprirent que les gardes rouges avaient transformé le Jokhang en boucherie. Ce qui restait des peintures représentant les déités servait à la décoration des pissoirs. Les gardes rouges y faisaient des concours, à celui qui toucherait telle ou telle divinité sur les murs. Portés par une haine aveugle contre notre peuple et nos traditions ancestrales, ils organisaient tous les soirs des séances de rééducation, au cours desquelles nous devions lire et brandir le *Petit Livre Rouge* qui nous permettrait de chasser « nos pensées anciennes et nos mœurs anciennes » ; les textes sacrés et les planches qui servaient à les imprimer, les thanka étaient brûlés. Pour les Chinois, nous étions bel et bien cette « minorité puante » qu'ils rêvaient d'exterminer depuis l'an bœuf-terre (1949). Durant ces dix longues années de folies meurtrières[1] en Chine comme au Tibet, rumeurs et tensions divisaient les gardes rouges ; malgré tout, nous étions toujours leurs principales victimes et cibles. Et pourtant ! Nous vivions, avant 1949, dans un État souverain, nous étions une nation indépendante, et notre chef temporel et spirituel prônait la non-violence. Nous

1. Des chiffres communiqués par le gouvernement du Tibet en exil, entre 1951 et 1983, 432 705 Tibétains sont morts au combat ; 342 971 furent victimes de la famine qui sévissait alors dans le pays ; 156 758 furent exécutés dans les prisons ; 92 731 décédèrent des suites de tortures ; 9 002 se suicidèrent. Des groupes ethniques entiers furent ainsi rayés de la carte. Par exemple, les Ngolog qui vivent dans le Kham oriental et l'Amdo, et dont la population s'élevait à 120 000 personnes en 1957, n'étaient plus que 4 000 environ en 1970.

avions dû, dans nos vies passées, bien mal agir pour en arriver là. Comme la Chine, le Tibet s'enfonçait de plus en plus dans le chaos. Des combats entre gardes rouges opposaient les maoïstes à ceux qui souhaitaient renverser le pouvoir. Le Comité du Parti du Tibet avait plus ou moins contrôlé la situation, mais à la fin de l'an mouton-feu (1967) et dans les premiers jours de l'an singe-terre (1968), les victimes se comptaient par plusieurs centaines à Lhasa, mais aussi à Gyantse, et à Shigatse. Partout ce fut l'enfer. En tous lieux, des morts jonchaient les rues, les pistes, cadavres abandonnés après des escarmouches sanglantes. La résistance ? Totalement désorganisée, elle était, selon moi, ce qui restait de notre instinct de survie. Nous nous sentions blessés au plus profond de nous-mêmes, nos traditions spirituelles bafouées, nos coutumes écrasées par la poigne d'un monstre. Les festivités de la *Mönlam** et toutes les célébrations religieuses étaient désormais interdites.

Tous les hameaux autour de Shigatse étaient touchés. La barbarie atteignit aussi Deki Rabdam. À la place des drapeaux à prières, les gardes rouges déployaient d'immenses portraits de Mao. Des photographies du « Grand Timonier » étaient distribuées dans toutes les demeures, celles des Bouddhas et des divinités déchirées ou brûlées. Quand ils entraient chez une famille, ils sortaient tous les objets qui pouvaient rappeler le bouddhisme, y mettaient le feu, et s'amusaient à l'éteindre en pissant dessus.

Un jour, les gardes rouges arrivèrent dans notre village. Ils rassemblèrent les femmes et désignèrent les plus âgés d'entre nous pour tailler à coups de poignard les nattes qui faisaient toute leur fierté. Comme les hommes en portaient aussi, notre tour vint. Nos chevelures, longues et belles, étaient ce qu'ils appelaient les « nattes immondes de l'esclavage ». Ils marchaient dessus, urinaient, les enflammaient pour en faire des torches. Ce jour-là, des camions vinrent. Ils emportèrent les moines des environs et les plus jeunes, pourchassèrent les plus riches – même ceux que nous croyions plutôt bienveillants pour l'occupant – après les avoir humiliés au cours de séances de thamzing qui duraient la journée entière, et bien davantage encore. Je ne revis jamais aucun d'eux. À la place des mala que les Chinois déchiquetaient avec fureur, nous devions maintenant porter en permanence sur nous le *Petit Livre Rouge*. À tout instant, on pouvait nous demander de réciter une maxime de Mao. Les heures étaient venues d'un endoctrinement féroce.

Au cours de toutes ces années, j'avais été le témoin de tant d'atrocités. Des religieux avaient été transportés dans des camps de travail ; ils avaient été « libérés » à condition qu'ils se marient à des femmes issues de la classe la plus pauvre de notre « nouvelle société ». S'ils acceptaient, ils pourraient travailler pour les Chinois ; s'ils refusaient, les tortures s'enchaînaient, jusqu'à épuisement, et lorsqu'ils succombaient, les cadavres étaient transportés en certains lieux, où des hôpitaux de fortune avaient été dressés. Les cœurs et les organes vitaux étaient utilisés par des chercheurs chinois avides d'étudier notre « race ». Des caisses spéciales, rectangulaires, scellées, partaient ainsi régulièrement vers Pékin, puis vers Hong-Kong, Singapour et Macao pour des « expériences scientifiques » très spéciales.

Les gardes rouges nous affirmaient que les Khampa pillaient les villages, que les résistants assassinaient les enfants. Un matin, alors que le jour était à peine levé, ils vinrent pour le chef de la commune, mon ami khampa, qu'ils abattirent d'une balle dans la poitrine. Des villageois parcoururent les ruelles de Shigatse, sa tête au bout d'un pic. Je savais qu'il faisait partie de la résistance ; quelqu'un l'avait certainement dénoncé. J'en éprouvais la plus grande honte, mais demeurais totalement impuissant face à tant de sauvagerie. J'en voulais surtout à ceux qui collaboraient alors avec notre ennemi. Avant de l'assassiner, ses tortionnaires l'avaient placé au milieu de quatre cents personnes ; et il fut battu par les nôtres. On l'avait coiffé d'un bonnet en pointe. Assis sur ce qui devait représenter un « trône », mon ami devait dénoncer les méfaits de Kundun et de Panchen Rinpoche. Comme il s'y refusait, les coups pleuvaient, de plus en plus forts, de plus en plus nombreux. Les gardes rouges ne frappaient jamais : aux Tibétains de torturer les leurs, et s'ils ne frappaient pas assez fort, ils subissaient immédiatement le même sort. Cela se produisait très souvent. Le soir, lorsque nous avions un peu de répit, d'énormes flaques de sang restaient visibles à l'emplacement où les exactions avaient été commises. Si des corps étaient là, nous les emportions dans la fosse commune creusée par nos soins.

Les enfants entre huit et seize ans avaient pratiquement tous disparu, soi-disant emmenés pour suivre une éducation dans les écoles de la capitale. Ils n'atteignirent jamais Lhasa. Si certains furent conduits à Pékin pour y être endoctrinés, beaucoup moururent dans les camps. À Tashilhunpo, les mendiants étaient poussés à tuer les chiens errants. En l'an singe-terre, on n'en apercevait plus guère ; tous avaient été chassés, à la mitrailleuse par les gardes rouges eux-mêmes ; mais lorsque ces Tibétains en trouvaient un, ils recevaient l'ordre de les dépecer vivants et de jeter leur peau dans le temple. Lorsque les gardes rouges trouvaient des lampes à beurre allumées, ils les éteignaient à coups de crachats. Or, pour nous, Tibétains, éteindre une lampe à beurre était un signe de mauvais augure. On ne trouva bientôt plus dans les monastères des environs que des vieux moines chargés de la surveillance ; les autres étaient morts, ou travaillaient à la construction des routes. La main-d'œuvre tibétaine n'avait aucune valeur pour les Chinois.

Comme les objets sacrés avaient été soigneusement répertoriés, les gardes rouges avaient récupéré les listes et emporté tout ce qu'il y avait de plus précieux. Ils achevaient leur travail de démolition à la dynamite et à coups d'obus. Partout, le canon tonnait, des explosions secouaient les flancs de nos montagnes, là où les monastères avaient été construits bien des siècles plus tôt. Le dzong[1] de Shigatse fut ainsi totalement broyé. Des ruines, des haut-parleurs lançaient désormais des slogans menaçants.

— La religion ne sert à rien. Il suffit de voir ces porcs, esclaves du vice, s'adonner aux plaisirs charnels.

Dans les demeures réquisitionnées aux familles

1. Il fut détruit en 1966.

déportées, on plaçait un religieux avec cinq, six, voire sept femmes. Ils restaient enfermés pendant plusieurs semaines avec elles : les Chinois attendaient qu'ils s'accouplassent. Les nonnes subissaient d'autres sévices ; violées par plusieurs hommes, même des religieux, sur qui les gardes rouges braquaient un pistolet, le malheur s'abattait encore sur elles si elles tombaient enceintes. N'ayant aucune autorisation officielle de porter un enfant, elles étaient avortées de force. Elles mouraient la plupart du temps sur la table d'opération ; leur corps servait ensuite la science chinoise.

Si le mariage avait été fortement « déconseillé » aux hommes de moins de trente ans et aux femmes de moins de vingt-cinq ans, les autorités encourageaient les mariages mixtes entre Chinois et Tibétaines, un programme « utile pour l'assimilation de notre peuple ». Le contrôle des naissances avait également été instauré. De jour comme de nuit, une patrouille pouvait investir une maison, souvent sur dénonciation. Si une femme attendant un enfant n'était pas en mesure de présenter un certificat de mariage, les militaires ou les policiers l'emmenaient immédiatement. En ville, dans les hôpitaux, des médecins[1] chinois appliquaient l'avortement forcé de trois mois jusqu'à huit mois et demi de grossesse. Les fœtus étaient jetés dans les toilettes ou dans les fosses situées à proximité de certains « dispensaires » médicaux. Ailleurs, les choses se déroulaient tout autrement. Si les gardes rouges découvraient un nouveau-né, ils l'étouffaient,

1. Nombreux étaient ceux qui, ayant échoué à leurs études, étaient volontaires pour dispenser leur savoir au Tibet.

l'emportaient, le mangeaient[1]. Je fus un jour le témoin d'une scène atroce : une jeune femme sur le point d'accoucher, un père affolé. Il n'y avait aucun médecin tibétain dans les environs, personne pour les aider. Elle ne voulait pas se rendre au dispensaire ; lui tenta de la convaincre. Elle entra finalement en salle d'opération ; il ne la revit jamais. Quelques jours plus tard, après de multiples démarches auprès des autorités locales, la famille de la défunte réussit à récupérer le corps qu'elle confia aussitôt à un dépeceur. Je conseillai au mari d'accompagner l'homme et de vérifier si la future mère n'avait pas été tuée par les médecins pour de tout autres raisons. Le dépeceur fit son travail, mais lorsqu'il ouvrit l'abdomen, le bébé avait bien évidemment disparu, et on lui avait retiré tous les organes vitaux, y compris le cœur.

C'était le plein été de l'an singe-terre. Beaucoup de moines de Tashilhunpo étaient morts en résistant aux gardes rouges. S'ils n'avaient pas été tués au cours des confrontations, nombreuses et d'une violence extrême, certains avaient préféré la fuite pour tenter, au péril de leur vie, de rejoindre Kundun à Dharamsala et témoigner. Tous savaient que Panchen Rinpoche était emprisonné ; nous ignorions qu'il subissait, lui aussi, les pires tortures ; mais il était vivant.

---

1. Dans « Mon évolution intellectuelle entre seize et vingt-neuf ans », texte reproduit dans *La Cinquième Modernisation et autres écrits du Printemps de Pékin* (Christian Bourgois, 1997) Wei Jinsheng fait état de faits similaires. L'auteur, libéré en novembre 1997, plaide pour la démocratie en Chine.

À cette époque, il m'arrivait de quitter Deki Rabdam de nuit, pour éviter les patrouilles et surtout les regards indiscrets des collaborateurs. Même ici, on ne pouvait accorder sa confiance à personne. À la mort de mon ami khampa, j'avais averti les résistants qu'ils ne pouvaient plus compter sur lui. Je m'étais alors entendu proposer mes propres services. Tandis que les armes étaient interdites pour les Tibétains, j'avais arrangé des caches disséminées dans les environs, souvent au creux d'un escarpement de rochers. Nommé chef de la commune à la place de mon ami pour je ne sais quelle raison, je devais régulièrement réquisitionner les fusils, les arcs, les poudres. Je donnais les armes les plus anciennes aux militaires lorsqu'ils passaient à Deki Rabdam et transportais les meilleures dans les caches. Le danger était grand, mais je ne supportais plus de rester inactif. J'allais sur mes quarante ans et je portais en moi trop de souffrances. Avais-je pris consciemment la décision de devenir un homme en guerre contre l'occupant ? J'étais alors très loin des enseignements de pala, de mon oncle et de l'ermite, encore que... Je m'interrogeais. Pourquoi mon pays s'était-il transformé en un lieu de haine, de perfidie, de cruauté ? Pourquoi certains de mes compatriotes entraient-ils dans le jeu des occupants ? Dans des séances tenues journellement, nous étions contraints de répudier notre souverain et Panchen Rinpoche, de renier nos traditions en vantant tout ce que la grande nation chinoise avait apporté au Tibet de progrès économiques et de modernisme ; mais mon pays n'était qu'un vaste champ de ruines et un paradis pour les rapaces et les poissons. Il arrivait encore fréquemment que, dans des hameaux, les gardes rouges proposassent d'emporter des nourrissons[1] de trois semaines à peine pour soulager nos familles qui mouraient de faim. Qu'étaient devenus ces enfants ? Se trouvaient-ils réellement dans les terres lointaines de l'immense Chine ? Combien avaient été dévorés, tout simplement parce que ceux qui s'adonnaient à de tels rapts souffraient de la famine autant que nous ? Une différence essentielle entre nous : les bouddhistes tibétains respectaient toutes les formes de vie... Et qu'était-il advenu de tous ces jeunes moines et nonnes qui avaient refusé de renier leur foi ? Il ne se passait plus une heure au Tibet sans que nous devions désavouer les enseignements du Bouddha ; la seule déité à laquelle il nous fallait croire absolument était le communisme. Le reste devait être rayé de nos esprits, de nos consciences.

L'ermite m'avait appris que je viendrais à la vérité par la compassion. Lorsque je me trouvais seul dans la montagne, il m'arrivait d'allumer un feu, de brûler de l'encens et de dérouler le mala que mon oncle m'avait donné. Les risques étaient énormes, car je pouvais être surpris à tout moment, et je ne donnais alors pas cher de ma vie. Dans ma demeure aussi, malgré les innombrables fouilles, les gardes rouges n'avaient jamais trouvé les images de Kundun et de Panchen Rinpoche, une statuette du Bouddha et ce mala que j'emportais toujours avec moi, caché dans ma tchouba, aussitôt que je quittais Deki

1. Les témoignages sont très nombreux, qui vont tous dans ce sens. Ces enlèvements déguisés auraient commencé en 1953-1954, voire plus tôt. Certains parents auraient même reçu des lettres oblitérées en Chine ; ils y parlaient de leur « bonheur ». Plus nombreux furent ceux qui ne les revirent jamais.

Rabdam. Il me fallait de la patience ; tels furent les enseignements de l'ermite et « en trouver abondamment, quand il s'agissait de vaincre ses ennemis ou de veiller sur ses proches ».

Vaincre mes ennemis ? Combien de fois m'étais-je senti moralement diminué ! Quel était donc le véritable prix à payer pour que cette guerre cessât, pour que les tortures s'arrêtassent ? Quand je fouillais dans des ruines, il m'arrivait de rencontrer un moine ou une nonne, abandonnés là par les gardes rouges pour « protéger les lieux ». Tout alentour n'était que destructions et cendres. Un jour, un religieux, sans doute le plus âgé de cette communauté, me confia que les autres avaient été contraints d'aller travailler en Chine pour gagner leur nourriture ; les lama, une vingtaine, avaient été « éliminés », parce qu'ils trompaient le peuple. En guise d'exemple, l'abbé avait été pendu à la branche d'un arbre ; une statuette en or du Bouddha avait servi de contrepoids. Je ne trouvai pas les corps. Les exécutions avaient dû avoir lieu en un endroit plus isolé. Le bouddhisme était-il à ce point inutile ?

Nos vies passées déterminent-elles vraiment le présent ? Mon esprit était assailli de doutes, et ceux-ci étaient les causes et les obstacles à mon évolution personnelle. Emporté dans la spirale de la violence, de la barbarie, je prenais parfois le doute pour la vérité. Tous ces êtres torturés n'étaient-ils pas des coupables qu'on punissait à juste titre ? Quelles que fussent les raisons, les tortures étaient pour eux toujours la « solution idéale » pour briser toute résistance. L'immoralité des actes commis par les gardes rouges et, avant eux, par les troupes et les polices chinoises, n'avait aucune importance dans le processus. Il s'agissait d'exhorter notre peuple à mettre fin à nos croyances. « Des moines bestiaux vivaient dans des monastères, ces lieux où une terrible oppression amenait ceux-ci à violer les novices, à réduire les serfs à l'esclavage. » Ensuite, tout leur devint si facile. Les tortures que nous subissions dans les camps, dans les hameaux, dans les cités, dans les temples, étaient en fait de véritables actes politiques, ciblés, subtils et raffinés, à tel point que nous finissions par accepter notre mise à mort comme une nécessité absolue aux progrès de notre communauté. Coupables, nous l'étions ; haïssables, nous le devenions ; et notre famille, les voisins, nos amis et nos ennemis ne pouvaient que se réjouir de ce qui nous arrivait. C'était la justice, la vérité, leur vérité.

J'avais appris ceci : depuis qu'ils avaient envahi le Tibet, les communistes chinois agissaient toujours avec une extrême précision. Ils savaient qui arrêter, qui laisser en liberté, qui interroger, envers qui se montrer plus indulgent, conscients aussi que trop d'indulgence était un signe de faiblesse. Dans la plus basse des cruautés, nos tortionnaires distinguaient toujours le juste et l'injuste, la vérité et le mensonge. Ce qu'ils ne disaient pas : où était le juste et l'injuste, la vérité et le mensonge. Pour eux, tout était mêlé, à dessein, de sorte que la plupart de mes compatriotes s'y perdaient totalement. Au bout de ce chemin semé de doutes, la mort les attendait, inévitablement.

Dans la commune, nous n'avions désormais plus le droit de pratiquer les cérémonies religieuses, et encore moins d'invoquer les divinités pour nos morts.

— À quoi bon prier, puisque vous ne les voyez jamais, vos démons courroucés et vos divinités. Lorsqu'ils vous seront apparus, nous rediscuterons. Aujourd'hui, c'est par le travail que vous devez gagner votre liberté. À quoi bon tout ce beurre, si ce n'est pour le manger ! Pour quoi faire toutes ces offrandes ? C'est du gaspillage. Les mala, bien inutiles dans vos mains tout justes bonnes à transporter des caillasses.

La rééducation des religieux et surtout des lama qui acceptaient de collaborer se faisait en deux temps. Elle portait d'abord sur la personne humaine, et en cela elle leur imposait d'étudier le *Petit Livre Rouge*, de participer au travail commun dans les camps, dans les mines et les carrières ; venait ensuite le « travail psychologique » effectué sur eux pour leur expliquer leurs besoins de changer de mentalité, de modes de pensée et d'adopter des attitudes nouvelles. Le mariage par exemple devait servir à accroître la population tibétaine ; mais alors pourquoi tous ces avortements forcés et ces stérilisations ? En fait, il s'agissait pour les communistes de discréditer nos religieux, d'anéantir, par le vice, nos croyances ancestrales. Tout était d'ailleurs fait pour que la population laïque en vînt à répudier ses lama.

À l'aube du septième mois de l'an singe-terre, le village fut encerclé. Je travaillais dans les champs avec quelques femmes, lorsque les gardes rouges s'installèrent à la lisière de la commune. Un officier crachait des ordres dans un mégaphone. Nous devions nous rassembler sur la place. Je vis sur la colline des hommes s'affairer ; ils plantaient d'immenses tentes. Moins d'une heure plus tard, les hommes avaient été séparés des femmes ; et celles-ci avaient été divisées en deux groupes : les jeunes filles de douze ans et plus et les autres, entre dix-huit et quarante-cinq ans. Des soldats avaient enchaîné les plus virulents d'entre nous ; les autres étaient vaincus par la peur. De toute manière, au moindre geste, ces adolescents fanatiques nous abattaient tous. Fallait-il aller jusqu'au massacre ? À quoi bon ?

Alignées sur deux colonnes, les unes derrière les autres, les femmes avançaient à petits pas, guidées par deux cordes tendues, le chemin de la cruauté, avec des gardes armés jusqu'aux dents, et la présence – forcée pour beaucoup – des chefs de commune et de district. J'en faisais partie. Il nous fallut une courte demi-heure pour grimper la colline et atteindre ces énormes tentes au pied desquelles un portrait de Mao était planté. Deux rangées, les plus jeunes à droite ; les autres à gauche ; à l'intérieur de la tente, on distinguait deux tables, un drap blanc, des poubelles. La première Tibétaine fut poussée sans ménagement à l'intérieur.

— Déshabille-toi et allonge-toi là.

Elle hésita.

— Dépêche-toi ou les gardes arracheront tes vêtements.

Elle pleurait.

— Cesse donc ces jérémiades. Tu ne vas pas en mourir, et puis même s'il en est ainsi, tu renaîtras puisque vous, Tibétains, êtes assez fous pour croire à ces idioties.

La tchouba jonchait le sol.

— On t'a coupé tes nattes d'esclave. C'est mieux

ainsi, tu ressembles presque à une Chinoise, mais tu n'es qu'une sale chienne. Tu es enceinte ?

— Non.

— Menteuse !

— Non, pas mariée, dit-elle d'une voix éteinte.

— Menteuse ! Ton frère t'a dénoncée. Lui est un ami de la Chine ; pas toi.

Le médecin qui s'adressait à elle la gifla.

— C'est pour t'apprendre à dire la vérité.

Le jeune femme pleurait, nue sur la table.

— Écarte les jambes.

L'homme poussa sur les genoux ; les jambes s'ouvrirent, découvrant le vagin.

— Attachez-la. Il y en a plusieurs dizaines qui attendent à l'extérieur. Dépêchons-nous.

Le médecin s'empara d'un objet froid qu'il introduisit dans son sexe. La Tibétaine poussa un hurlement bestial, mais elle resta consciente. Un tube en caoutchouc sortait de son ventre ; à l'autre extrémité, un ballon. Quelqu'un appuyait sur celui-ci. La jeune femme ressentit un froid très vif, sa chair semblait éclater, son ventre était parcouru d'électricité. La douleur avait disparu. Le premier jour, on lui retira un fœtus, qu'une Chinoise jeta dans la poubelle. Le lendemain et tous les jours que les médecins chinois restèrent près de Deki Rabdam, elle subit d'autres « soins » pour le moins étranges. La Tibétaine n'eut jamais plus de règles, et plus la moindre sensation lorsque son mari la prenait ou la caressait.

Sur la table voisine, une jeune femme n'avait pas supporté l'avortement, elle était morte, son corps fut jeté dans un coin de la tente, en attente d'autres interventions plus spécifiques : les cadavres rejoignaient la morgue, pour servir à l'apprentissage des médecins tout juste sortis des écoles. Les poubelles étaient posées à l'entrée de la tente, et se remplissaient rapidement de fœtus. Des femmes s'évanouissaient ; d'autres tentèrent de fuir. Une rafale, un cri, le silence et toujours la terreur...

Lorsque nous retournâmes au village, ce que je vis était si honteux que j'eus énormément de mal à retenir ma colère. Face à tant de malheurs, j'admirais tous ces Tibétains qui continuaient malgré tout à conserver la foi dans les enseignements du Bouddha. Et pourtant, ni Kundun ni Panchen Rinpoche ne les eûssent blâmés s'ils l'avaient reniée pour sauver leur pauvre vie et préserver celle de leurs enfants, de leurs parents, et pourquoi pas de leurs ennemis. La preuve existait, là, devant mes yeux ébahis. Une dizaine d'habitants de Deki Rabdam avait été massacrée, sans doute pour avoir tenté de réagir face au drame qui se jouait sur le mont. Ils avaient payé leur révolte au prix fort ; crucifiés, ils avaient été cloués à des poutres, bras et jambes écartelés, avec des poinçons en fer pointus qui avaient même traversé le bois.

Dix jours s'étaient écoulés ; les Chinois avaient replié leurs tentes. Des camions étaient venus chaque nuit ; on avait chargé les cadavres et ils étaient repartis en direction de Lhasa. À Deki Rabdam, l'air devenait de plus en plus irrespirable pour moi. La compassion me paraissait désormais si loin... Certes, elle était le fondement des enseignements que j'avais reçus de pala, de mon oncle, de l'ermite. Toutes ces années à lutter contre un ennemi qui me poussait à tant de pensées négatives et d'actions néfastes. J'attirais les souffrances et les misères comme un aimant. Cette soudaine prise de conscience m'appelait à « revisiter » mes vies karmiques ; j'étais aujourd'hui capable de tuer, par vengeance, par haine, par un ressentiment profond. J'étais devenu mon propre ennemi.

La nuit était tombée. Un silence effrayant pesait sur Deki Rabdam, une chape de plomb comme nous n'en avions jamais connu autrefois. La population, martyrisée, se cachait. Une vague de tristesse me submergea. Je pleurais. Assis près de la rivière, je pris la décision de quitter la nuit-même mon village, mon pays. Une étoile brillait sur le mont où les femmes avaient été si cruellement souillées. J'éprouvai le besoin de me rendre sur ce lieu où, quelques semaines auparavant encore, un chörten et des drapeaux à prières nous protégeaient des divinités courroucées. La honte et le dégoût m'imprégnaient depuis que des Tibétains avaient décidé d'être les yeux et les bras de ces monstres qui anéantissaient notre peuple. Je fus soudain secoué de furieux sanglots. Partir. *Om Mani Pémé Hum*.

Mes premiers pas me conduisirent jusqu'à ma demeure. Je pris les quelques yuan que je possédais, mon autre tchouba, remplis mon sac de tsampa que j'accrochai à ma ceinture, mon poignard, l'image de Kundun et de Panchen Rinpoche. L'étoile diffusait une très fine lumière sur la colline. Je m'y rendis. Là, où les tentes avaient été plantées, je décidai, avant de m'éloigner de Deki Rabdam, de construire un autel. Je rassemblai des pierres, un peu de terre, et lorsque j'eus terminé, j'y plantai un drapeau à prières que j'avais sorti de sa cache sous une pierre ; puis, pure folie, j'allumai un feu, y brûlai de l'encens et quelques branches de genévrier, en invoquant les divinités pour qu'elles nous protégeassent, moi et tous ceux que j'abandonnais derrière moi.

Si tous les maux,
Les peurs et les souffrances du monde
Naissent de l'attachement à soi-même,
Qu'ai-je besoin de cet esprit malin ?

disait Shantideva.

Tout se passa alors dans ma conscience ; je sentais une force nouvelle me prendre, me transporter... Au loin, une autre lumière brillait. Elle était belle, lumineuse. C'était l'étoile, semblable à une lampe qui chassait peu à peu la nuit.

6

Le lotus de la liberté pousse en Arizona

Les Tibétains s'étaient toujours contentés de peu. Notre ignorance de la politique, notre méconnaissance du monde, notre refus d'ouverture aussi, et puis notre grande naïveté avaient permis aux communistes chinois de tromper l'immense majorité de la population. Presque vingt ans après l'invasion, pouvait-on encore invoquer la moindre excuse à ceux qui avaient adopté les noms, les attitudes, voire les vêtements des occupants ? Ils s'étaient enrichis en profitant de la tragédie vécue par nos compatriotes. Certains avaient cependant mis à profit cette apparente assimilation pour mieux servir notre cause ; d'autres avaient su à merveille utiliser la cupidité des autorités locales, faisant preuve chaque jour d'un esprit de patiente résistance. Pour les autres, face à l'intolérance et la barbarie, devait-on parler de résignation, voire d'abdication ? La soumission n'était pas inscrite dans les enseignements du Bouddha et je déplorais une telle attitude.

Alors que je gravissais le premier col, le jour se

levait à peine. Depuis mon départ de Deki Rabdam, j'invoquais les divinités ; les étoiles étaient mes meilleurs guides. Avant de rejoindre la vallée, je laissai errer mon regard vers l'horizon, scrutant les parois rocheuses. Il y avait un troupeau de yacks sauvages, moins nombreux qu'à l'accoutumée car les gardes rouges les chassaient à l'automitrailleuse dès que les plateaux leur devenaient accessibles. Pour échapper aux tueries, les animaux montaient de plus en plus haut dans la chaîne montagneuse ; la faim les attirait vers les plateaux herbeux. Le piège se refermait immanquablement sur eux.

Je fis une halte au bord d'un cours d'eau qui dévalait le versant en rugissant. Me désaltérer me fit le plus grand bien. À l'abri d'un escarpement, je pus observer à loisir le paysage : plus rien ne venait s'interposer au lointain, si ce n'étaient quelques nuages gorgés de pluies. L'orage menaçait. Alors que le tonnerre roulait sur les sommets, je m'endormis, enroulé dans ma tchouba. Je me réveillai vers midi et partis aussitôt à la recherche de racines qui pourraient agrémenter mon repas. Alors que je m'engageais sur un chemin âpre et difficile qui longeait un lac, le vent continuait à grincer. Malgré cette présence permanente, toute ma concentration consistait à apprivoiser les bruits environnants. Tous mes sens étaient en éveil. Des silhouettes avançaient sur l'autre rive. Caché derrière un arbre, je les observais. À mesure qu'elles approchaient, je distinguais des hommes à cheval, tout au plus une vingtaine, qui ne pouvaient être des Tibétains. Comparés à nos cavaliers, ils ne faisaient absolument pas corps avec leur monture. Trois cents mètres derrière, une cinquantaine de fantassins empêtrés dans leur harnachement suivait. Les canons de leur fusil se réflétaient dans les eaux bleues du lac. Nous étions à plus de quatre mille mètres d'altitude et je ne m'expliquais pas leur présence. À moins que ce ne fût pour moi. J'étais terrifié. Un voisin, cousin éloigné de ma famille, m'avait conseillé de prendre cette piste abandonnée, connue seulement des anciens. Il était là et guidait les Chinois sur mes traces. J'étais maintenant l'objet d'une poursuite implacable. L'emprise de la peur avait quelque chose d'irrationnel ; elle empêchait toute réflexion.

Mes poursuivants étaient à peine à un quart d'heure de l'endroit où je me trouvais. Au Tibet, tout événement, bon ou mauvais, était une occasion pour prier. Je saisis mon mala enfoui dans le pli de ma tchouba. Pala m'avait souvent répété que la peur ne menait nulle part, mais je savais aussi qu'il fallait si peu de chose pour anéantir une vie. Le ciel se mit à rugir. Un violent orage explosa sur le lac, dont les eaux se troublèrent soudain. Les divinités m'avaient entendu. Profitant de l'obscurité totale, il me fallait fuir, gagner les sommets au plus vite, quitter cette piste, trouver si possible une cache dans une grotte, et attendre la nuit.

Je progressais avec une extrême difficulté, en évitant la piste où pouvaient à tout instant surgir les cavaliers ennemis. Une pluie glaciale tombait par rafales. Si elle ralentissait davantage ma marche, si elle la rendait plus pénible encore, elle était en tous les cas ma plus fidèle alliée. En fin d'après-midi, j'entendis des coups de fusil, l'explosion de grenades ou de dynamite. J'imaginais le pire et toutes sortes d'images défilaient dans ma tête : des nomades pris à partie par mes poursuivants, des cris d'enfants que l'on emmenait, des corps ensanglantés de femmes violées, d'hommes abattus ; ou, c'était également possible, une partie de chasse à l'âne sauvage[1], au daim musqué, à l'antilope, et surtout au singe de montagne, chair dont les Chinois étaient particulièrement friands. N'ayant pas réussi à me capturer, ils étaient capables de se venger sur n'importe quel être vivant.

Seul, sur ce versant montagneux hostile, j'éprouvais un fort sentiment de compassion pour tous ceux qui avaient été frappés durement par le drame de notre peuple, mais également pour nos ennemis. Cela pourrait paraître étrange à quelques-uns, mais j'expliquais leurs actes barbares par l'accumulation incessante d'influences néfastes venues de leurs vies antérieures. Comment les aider ? Comment parvenir à les soulager d'un poids aussi écrasant ? Il y avait le pardon. C'était très difficile, mais pas impossible par la prière, par les invocations à Chenrezig. On représente souvent le bodhisattva de la compassion avec mille yeux qui sont autant de réceptacles des souffrances de l'univers, et mille bras pour apporter aide et réconfort. Il faut bien comprendre que le peuple chinois n'était pas notre ennemi, bien au contraire ; celui-ci souffrait aussi des méfaits du pouvoir central, de son système pernicieux et de ceux qui le servaient. Et puis, en y réfléchissant cette fois encore, je me demandais combien de fautes nous, bouddhistes tibétains, avions commises, vie après vie, pour avoir été plongés dans une situation aussi inextricable.

---

1. En tibétain, *khiang*.

Mon mala roulait dans mes mains, pendant que je disais pour tous cette prière[1] :

Sans hésitation, je vous envoie
De vastes nuages d'offrandes
Disposées magnifiquement,
Ainsi que tous les objets liés à cette vie,
Et toutes les vertus passées, présentes et futures.

C'était le onzième mois de l'an singe-terre (1968). J'avais marché pendant plusieurs semaines, franchissant col après col, traversant de nuit les vallées, évitant les pistes empruntées par les caravaniers, les routes construites par les prisonniers tibétains, contournant les villages, les hameaux, les campements de nomades, petite tache sombre en plein cœur d'une vallée. J'entendais parfois au loin le rugissement des camions de l'armée chinoise, quelques coups de feu, mais je ne revis plus les cavaliers qui me pourchassaient.

Ma réserve de tsampa était épuisée depuis longtemps. Je me nourrissais surtout de racines, rarement de radis et d'aulx sauvages, que je cueillais en prenant d'énormes risques. La faim me tenaillait. Plus grave cependant était l'état de mes bottes ; les semelles usées n'étaient plus d'aucune utilité. J'avais commencé à déchirer ma tchouba pour envelopper mes pieds. Vaine protection. Lorsque je me retournais, je voyais les traces de sang laissées par chacun de mes pas dans la neige. Si la glace finissait par cautériser mes plaies, la douleur était de plus en

1. Gyalwa Guendun Gyatso (1475-1542/1543), deuxième Dalaï-Lama.

plus insoutenable. Pour me donner du courage, je criais à pleins poumons :

— Rangzen, indépendance ! Rangzen, indépendance !

J'avais perdu beaucoup de sang et ma vue se brouillait. Ma dernière nuit au Tibet – mais je ne le savais pas – fut terrible. Mes yeux me faisaient mal, mes tempes bourdonnaient comme une ruche en folie, ma nuque était bloquée, mes mains gelées. Une tempête avait fait dévaler d'énormes blocs de glace du versant que je longeais. À tout moment, je pouvais être emporté par une avalanche, attaqué par des loups, des léopards, des ours qui rôdaient, attirés par l'odeur du sang.

— Rangzen, indépendance ! Rangzen !...

Ce dont je me souviens aujourd'hui fut cette chute dans la neige et mon corps meurtri roulant de la colline. Mon visage n'était qu'une plaie boursouflée, ma lèvre inférieure un lambeau de chair fendu. Je fus pris d'une soudaine nausée, vomis toutes les souffrances qui étaient en moi. Juste avant de perdre connaissance, j'eus la force de prendre dans ma main l'image de Kundun que j'avais cachée dans ma tchouba. Ma vie courait maintenant vers la mort, comme une rivière, sauvage et belle, se jetait de la falaise. J'avais fermé les yeux, doucement, et c'est alors que je les vis, un visage – pala qui me souriait –, une ombre – mon oncle qui me prenait la main –, et j'entendis une voix, douce, persistante – celle de l'ermite qui me disait :

De derrière les pics du mont Potala,
Le soleil se déploie, occupant tout son ciel ;
Le soir, il disparaît, vers l'Occident,

De l'autre côté des montagnes.
Et je songe à ma mort prochaine.

Ils meurent vieux, ils meurent jeunes,
Ils meurent... jour après jour...
On me demande d'amener leur esprit
Jusqu'à la Terre pure,
Ou de les mettre en garde
Contre les possibles renaissances.
Mais je songe à ma mort prochaine.

De gris nuages couvrent le ciel et l'obscurcissent.
Les premières gouttes de pluie vont tomber.
Un vent obscur et pourpre les dispersera.
Moi, je songe à ma mort prochaine [1].

Une main étrangère touchait mon corps, mes mains, mon visage. Je serrais instinctivement l'image de Kundun que je n'avais pas lâchée dans ma chute. Il me semblait entendre des voix qui me parvenaient, lointaines. Des gens, près de moi, s'exprimaient dans une langue que je ne reconnaissais pas. Je me donnais le temps de remettre un peu d'ordre dans ma tête. J'étais vivant. J'ouvris doucement les yeux. Cinq hommes m'entouraient. L'un d'eux avait une trousse de premiers secours ; il désinfectait ma lèvre déchirée avec une infinie précaution, et ensuite, une à une, les autres plaies. Une nouvelle nausée me fit tousser. Je me retins pour vomir, mais j'avais horriblement mal. On me fit avaler trois pilules qui avaient un goût de clou de girofle, semblables à nos médicaments tibétains. Des palabres, entre eux, qui

1. Kelsang Gyatso, septième Dalaï-Lama (1708-1757).

durèrent quelques secondes ; puis ils se penchèrent sur moi, un à chaque extrémité de mon corps, un autre face à mes hanches, me soulevèrent et me déposèrent sur un brancard de fortune. On me recouvrit d'une couverture ; qu'elle me sembla douce au toucher ! Tiens, nous avancions, cinq heures d'une marche rendue sans doute encore plus pénible par ma seule présence. Je me trouvais toujours dans un état semi-comateux. Lorsque je reprenais conscience, on me faisait boire une goutte de thé, avaler des pilules au goût plus amer cette fois, et surtout j'entendais des sons qui me paraissaient apaisants, des prières. Mes douleurs s'étaient calmées, mais tout se bousculait dans mon esprit. Pourquoi ne m'avaient-ils pas abandonné sur place ? Qui étaient-ils donc pour agir ainsi à mon égard avec autant de compassion ? Une certitude, je n'étais pas entre les mains des gardes rouges qui n'eussent pas un instant hésité à m'achever.

Des sherpa m'avaient recueilli et soigné, mes plaies s'étaient peu à peu cicatrisées. L'hiver était particulièrement rude, et je ne m'aventurais guère dehors. La demeure où j'avais trouvé refuge était différente des habitations du Tibet central. La famille vivait cependant, comme chez nous, dans la cuisine ; une pièce servait de réserve à nourriture ; l'autel était simplement décoré et je passais de longues heures à méditer devant les images de Kundun et de Panchen Rinpoche. On ne me laissait jamais seul et il y avait toujours un membre de la famille qui m'accompagnait dans les invocations aux divinités et qui entretenait les lampes à beurre.

Le deuxième mois de l'an oiseau-terre (1969), je fis comprendre à mes hôtes que le moment était venu de nous séparer. Je montrais Kundun et leur répétais ces mots :

— Dharamsala ! Gyalwa Rinpoche ! Rangzen ! Gyalwa Rinpoche !

Un matin, une douzaine de personnes s'était réunie autour de moi devant l'autel. Nous fîmes des offrandes. Nous bûmes beaucoup de thé. Je laissai le dernier bol aux trois quarts empli pour signifier que j'en avais suffisamment pris. Le moment de mon départ venu, le chef de la famille m'offrit une khata d'au-revoir en se prosternant respectueusement ; je la lui rendis en lui entourant le cou avec. Les autres firent de même, un par un. J'avoue avoir eu le cœur serré, lorsque je franchis la porte de cette demeure. Je ne devais jamais revoir mes amis sherpa. Ils le savaient, moi aussi.

À Katmandou, je pris pour la première fois contact avec la communauté tibétaine de l'exil. Quelle désillusion ! À nouveau la peur m'assaillit. J'avais beau tenter de maîtriser mon esprit, je n'y parvenais plus. À tout instant, la panique était susceptible de m'engloutir. Les raisons en étaient multiples. Au premier groupe de compatriotes que j'avais rencontré, j'avais montré les images de Kundun et de Panchen Rinpoche.

— Le traître, le lama rouge ! Tu es un espion à la solde des Chinois.

Je leur criais mes souffrances. Ils ne m'entendaient point. Je leur parlais des résistants, ils me rejetaient davantage encore.

— Retourne d'où tu viens, sinon nous te tuerons.

— Rangzen, indépendance ! Gyalwa Rinpoche !

Je veux rejoindre Dharamsala ! Dites-moi seulement comment m'y rendre ?

— Tu es un serviteur de ce traître de Tashilhunpo.

— Il est en prison, peut-être mort. Il a toujours été fidèle à Gyalwa Rinpoche. Panchen Rinpoche est un grand défenseur du peuple tibétain.

— Menteur ! Tu veux tuer Gyalwa Rinpoche.

Je brandis à nouveau les images de nos deux chefs spirituels. Un groupe s'était formé autour de moi. Le plus jeune s'approcha et tenta de me les arracher. Je les glissai dans le pli de ma tchouba. À cet instant précis, ils furent cinq à se jeter sur moi et à me rouer de coups de poing et de pied. Je hurlais mon innocence, mon humiliation aussi. Juste avant de m'évanouir, j'eus la force de leur demander :

— Si j'avais été un espion, pourquoi aurais-je enduré tout cela ?

Je n'obtins pour seule réponse que des crachats et des coups qui me rappelaient les séances de thamzing à Deki Rabdam. Mes compatriotes m'effrayaient, tandis que mon esprit continuait à s'obscurcir. J'étais incapable de dissocier le bien du mal, le chagrin des joies que j'aurais pu trouver dans la prière. Le désespoir était mon quotidien. Qu'avais-je donc fait dans mes vies passées pour mériter de telles punitions, un tel rejet par les miens ? Je me mis à déraisonner, à boire de la bière. Les semaines passant, je perdais de plus en plus fréquemment l'équilibre. Personne ne m'aidait à me relever ; bien au contraire, des hommes – les plus anciens étaient les plus virulents –, des femmes et des enfants – certains avaient tout juste cinq ou six ans – me crachaient dessus. Je plongeais dans la folie et ne me rendais plus compte de rien, errant dans les rues de Katmandou en pleurant et en criant :

— Gyalwa Rinpoche ! Gyalwa Rinpoche ! Kundun !

Mes propos n'intéressaient personne. Alors je buvais, mais l'ivresse n'arrangeait rien. J'étais toujours un Tibétain renié par tout un peuple en exil. Je ne comprenais plus rien à ma propre vie. Lors de rares moments de lucidité, je m'interrogeais sur toutes ces années qui avaient suivi l'invasion chinoise. Pala m'avait appris la compassion, l'amour et le respect de l'autre, la tolérance, le pardon. C'était ce que le Bouddha avait enseigné à ses disciples. C'était toute l'éducation que mon père avait reçue de son propre père, de ses maîtres spirituels, des lama qui fréquentaient notre demeure. Aujourd'hui, qu'elles me paraissaient tendres, ces longues soirées d'hiver près de l'âtre ! Il me contait des histoires, qui étaient autant de leçons pour ma propre vie. De vagues images trottaient dans ma tête de moines venant plusieurs fois par an lire des textes sacrés, des nombreuses cérémonies religieuses auxquelles nous participions tous. Nous faisions de notre mieux, du moins le croyais-je jusqu'à aujourd'hui. Maintenant, je n'étais plus certain de rien. Mon jeune frère était devenu novice, parce qu'il le souhaitait ; à cette époque, la vie monastique était particulièrement difficile au Tibet. Il avait perdu la vie pour avoir voulu rejoindre le neuvième Panchen-Lama dans son exil. Mon oncle était moine, lui aussi ; il fut assassiné par les soldats. Et moi, j'avais dû, au cours d'une séance de thamzing, donner la mort à mon père. J'esquissais à peine un sourire lorsque je songeais à l'ermite dans sa grotte et à la louve avec ses petits. Ma tête me faisait tellement souffrir, lorsque je pensais à tout cela. Je déraisonnais et imaginais les miens revenus parmi les êtres vivants comme animaux, à moins qu'ils ne fussent parmi ceux qui me frappaient. J'avais perdu la foi et la confiance. Comme je doutais de tout, je n'avais pas senti qu'il y avait encore de l'amour autour de moi. Des êtres m'observaient que je ne voyais pas, que je n'entendais pas. Plongé dans un sentiment de perpétuelle exclusion, j'en étais même arrivé à haïr tout le monde, mais la haine est le mot des faibles. Je l'avais oublié.

Un jour que je longeais un cours d'eau, je rencontrai un groupe de nomades originaires du Tibet central. Ils m'invitèrent à prendre le thé, me proposèrent de partager leur repas. Je ne me souvenais plus du goût du yack et du fromage séchés. Je m'endormis près de l'autel, sans même un regard pour le Bouddha. Plusieurs heures s'écoulèrent ainsi. Lorsque je me réveillai, le chef du groupe était installé près de moi. Il me sourit.

— *Tashi delek*, bonjour !

Il m'offrit une khata de bienvenue que je conservai autour de mon cou.

— D'où viens-tu ?

— De Shigatse.

Un sourire illumina son visage.

— As-tu des nouvelles de Panchen Rinpoche ?

Je lui racontai comment Chökyi Gyaltsen avait été arrêté, son combat pour le Tibet, son soutien à Kundun, les drames vécus par nos compatriotes.

— Cesse d'entrer dans de vaines querelles. Ne te laisse pas emporter par la colère. Pratique comme ton père te l'a appris et tu retrouveras la confiance, me dit-il. Tu dois aller à Dharamsala pour raconter ce que tu as vu et vécu. Mais tu ne peux être indigne de cette mission. Les qualités du Bouddha sont vastes comme le ciel. Je ne peux te les décrire toutes. Mais souviens-toi de ceci : quelles que soient les difficultés extérieures que tu as rencontrées et que tu auras encore à surmonter, que ces agressions soient humaines ou non humaines, quels que soient les obstacles intérieurs qui se dresseront devant toi, comme les émotions perverses qui te traversent l'esprit depuis si longtemps, ne blâme plus les autres. Tu guériras en changeant d'attitude.

J'avais fermé les yeux. Je disais à nouveau le mantra, *Om Mani Pémé Hum*, dix, cinquante, cent fois. La voix que j'entendais n'était pas celle de l'homme, c'était pala qui me parlait d'amour et de compassion. Le nomade me visitait chaque jour. Peu à peu, je sentis la confiance revenir, la foi aussi. J'avais cessé de boire de la bière. Mon esprit s'éclaircissait. Un matin, je lui dis :

— Je veux aller à Dharamsala. Le moment est venu.

Il approuva mon attitude et rassembla les nomades. Nous fîmes des offrandes. Avant mon départ, il me donna une tchouba neuve – la mienne était si fine qu'elle se défaisait sur ma peau –, de la tsampa et quelques fines lamelles de yack séché, et deux cents roupies [1], ce qui représentait une fortune. Tous avaient participé à ce don. Il m'indiqua le chemin à suivre.

J'arrivai à Dharamsala en pleine mousson. C'était déjà le sixième mois (juillet-août) de l'an oiseau-terre.

1. Entre quarante et cinquante francs actuels.

Ce fut là que ma vie bascula à nouveau. Je fus reçu en audience par Kundun, je rencontrai les responsables politiques du gouvernement en exil, et je passai beaucoup de temps à témoigner. Quinze jours après mon arrivée à Dharamsala, quelqu'un m'offrit la possibilité de rentrer dans les forces spéciales ; un entraînement intensif me permettrait de retourner au Tibet pour y aider la résistance locale. J'acceptai sans la moindre hésitation. Je venais en effet d'apprendre que, détenu dans un laogai près de Pékin, Panchen Rinpoche y subissait journellement des tortures. D'abord placé en résidence surveillée, sa situation personnelle s'était soudain aggravée avec l'apparition des gardes rouges.

Notre souverain partait de plus en plus souvent à l'étranger[1] pour porter son message de paix et mieux faire connaître notre cause. Mais, avant mon départ pour Darjeeling, j'eus la possiblité de recevoir pendant une semaine ses enseignements dispensés dans le temple[2] situé près de sa résidence. J'avais retrouvé l'espoir et connu enfin un intense bonheur.

Colorado, hiver de l'an oiseau-terre (1969). Pour la première fois je montai dans un avion, un monstre volant de l'US Air Force. Je faisais partie d'un groupe de cinquante Tibétains, dont une majorité de Khampa[3], une dizaine d'Amdowa et sept habitants de la région du Tsang. Nous atterrîmes à Denver, où

1. Le Dalaï-Lama fit son premier voyage à l'étranger en 1967.
2. Dans le monastère de Namgyal à Dharamsala.
3. De nombreux Khampa faisaient partie d'une organisation secrète appelée *Quatre Rivières et Six Montagnes*.

nous fûmes immédiatement pris en charge par la CIA[1] et les Marines. Nous rejoignîmes ensuite par hélicoptère un camp de base dans les Rocky Mountains, en un lieu que les Américains gardaient totalement secret. Là, nous devions recevoir une préparation de quelques semaines, spécifique à un futur largage sur le Tibet ; d'autres étaient préparés à une infiltration terrestre. Des résistants pouvaient rester deux ans[2] ici ; quand ils partaient, ils étaient de redoutables guerriers.

Aussitôt installé dans une chambrée, notre groupe fut conduit au pas de course à l'infirmerie du camp pour une visite médicale et l'inévitable prise de sang. J'observais les médecins qui s'affairaient autour de moi, non sans une certaine appréhension, je l'avoue. La nourriture était fort différente de la nôtre ; beaucoup de pâtes et parfois du steak de bison. Nous recevions une solde, quelques dollars que nous dépensions en large partie à la cantine. Pas question de sortir de la base.

Les marines nous plaçaient continuellement dans des situations inextricables, conscients que, de retour au Tibet, nous serions immanquablement livrés à nous-mêmes ; aussi ne nous ménageaient-ils guère. Musculation, piste du risque, close combat,

---

1. Commencés en 1957, l'aide de la CIA et le soutien des Américains à la résistance tibétaine cessèrent en 1971. Un an plus tôt (janvier 1970), il y avait eu un accord secret Chine/États-Unis pour la reprise des relations. En 1971, la Chine était admise à l'ONU. En février 1972, Richard Nixon se rendit en visite officielle à Pékin. Shanghai publia un communiqué annonçant la normalisation des relations entre les deux pays.

2. Gyalo Thondup, le frère aîné du Dalaï-Lama, était en grande partie à l'origine du montage de ces opérations.

montage et démontage des armes lourdes et légères, fabrication de cocktails molotov et de mines artisanales, la formation que nous recevions était intense, musclée, d'une extrême violence. Ils nous livraient leurs connaissances de la guérilla, nous enseignaient les techniques pour envoyer et capter des messages radio en terrain hostile et dépanner les postes. Nous avions également à notre actif une trentaine de sauts en parachute.

Plus le temps passait, plus nous devenions habiles dans la science du combat et du renseignement. Notre objectif n'était pas de refouler l'ennemi hors de nos frontières. Nous en étions d'ailleurs bien incapables. Nous devions surtout créer dans la population de petits réseaux d'informateurs et former les résistants au combat. La montagne pour les militaires chinois, c'était la nuit. Ils y avançaient comme des aveugles, ne sachant jamais ce qu'il y avait sur l'autre versant d'un sommet, de l'autre côté d'un col. Nous devions frapper, aussi vifs que l'éclair, aussi forts que la foudre, et faire de l'hostilité de notre environnement naturel la plus sûre et la plus fidèle des alliées.

À la nuit tombée, quand les Américains nous laissaient un peu de repos, nous nous installions dans la chambrée autour d'un petit autel de fortune pour prier, puis raconter des histoires et des légendes de notre pays. Des interprètes tibétains traduisaient pour nos hôtes. Nous connûmes des moments rares et merveilleux. Gagnés par la nostalgie, le Tibet nous manquait de plus en plus.

Un jour, nous fûmes divisés en petites unités. Celles-ci n'excédaient jamais dix résistants. Un groupe ne connaissait pas la mission de l'autre.

À partir de cet instant, nous n'eûmes plus le droit de partager nos soirées. La veille du départ, on nous distribua un paquetage léger, des grenades, une carte topographique de la région sur laquelle nous devions être largués, une radio portable et une pilule de cyanure pour le cas où nous nous ferions prendre. Les adieux furent brefs. Les regards brillaient étrangement. Une amitié, forte et sincère, nous réunissait. Seulement les marines savaient pertinemment que la majorité d'entre nous laisserait la vie au combat. Avant d'embarquer dans le quadrimoteur, j'offris mon mala à un caporal, dont les parents navajo vivaient dans une réserve.

Nous avions rejoint une base militaire du Pakistan. Ce fut là que les unités se séparèrent. Celles qui s'infiltreraient le long de la frontière tibéto-indienne se fondraient parmi les réfugiés tibétains de l'Inde et du Népal, passeraient par le Bhoutan et le Mustang ; les autres, dont mon groupe, resteraient sur place, dans l'attente d'une météorologie favorable. Trois jours plus tard, lorsque nous reçûmes l'ordre d'embarquer dans l'avion qui nous ramenait au Tibet, une tension pesante régnait à l'intérieur de la carlingue. La mort hantait tous les esprits et, malgré le vacarme des moteurs, chacun pouvait percevoir le son lancinant des mantra, *Om Mani Pémé Hum*. Il faisait nuit. Notre mission commençait.

La lampe rouge se mit à clignoter. Nous survolions le Kham. Je me levai, aussitôt imité par mes neuf compagnons. Regards croisés, interrogateurs, et selon que les experts de la CIA se seraient trompés ou non, les résistants nous attendaient, à moins que ce ne fussent les gardes rouges.

— Good luck ! Bonne chance ! hurla le sergent américain.

Il nous tapa dans la paume des mains.

— You are the best ! Vous êtes les meilleurs !

La porte s'ouvrit. Lampe verte, une bourrasque de vent, le grand saut dans l'inconnu.

— Go ! Go !...

— Rangzen, indépendance ! criai-je en me jetant dans le vide.

Je n'entendais plus la voix du sergent. Le parachute se déployait. Une nuit sans étoiles et la lune qui se cachait dans les nuages : les divinités nous accordaient leur protection. Mais que c'était beau le Tibet vu du ciel ! Dommage seulement que mon pays fût toujours sous le joug de la Chine communiste.

Au printemps de l'an chien-fer (1970), l'US Air Force avait largué des armes au-dessus d'une cuvette inaccessible à une patrouille de l'armée d'occupation. Située à plus de quatre mille mètres d'altitude, nous avions notre cache à proximité. Des grottes très profondes permettaient de stocker le matériel. Nous prenions cependant beaucoup de précautions car des avions d'observation ennemis nous survolaient fréquemment. Nous entendions souvent le fracas des bombes lâchées par les bombardiers russes Ilyouchine utilisés par les Chinois.

Un soir, vers vingt et une heures, nous reçûmes l'ordre d'attaquer un convoi. Cette opération nécessitait au moins deux heures de préparation – le nettoyage systématique des fusils d'assaut et de deux mitrailleuses lourdes, la distribution de cinq grenades par combattant et des munitions, les essais radio –, puis cinq heures d'une marche pénible. Venait ensuite l'attente, longue, insoutenable. Le jour se levait sur la vallée. Au loin, des arbres, une piste serpentant le long d'une rivière. Nous étions trop loin pour être efficaces. Nouvelle attente, plus nerveuse cette fois. Nous étions à plat ventre, à l'abri des rochers.

La fusillade éclata, alors que l'automitrailleuse qui ouvrait la route aux camions remplis de soldats, était déjà à une centaine de mètres. Elle fut neutralisée par trois résistants aguerris au combat de proximité.

— Feu ! Feu à volonté !

Les rafales s'intensifiaient, balayaient les Chinois piégés sur les plates-formes bâchées.

— Chargez ! Grenades !

Les armes crépitaient. Nous hurlions comme des bêtes ; et puis, soudain, le silence. Une odeur de poudre et de sang envahit l'air. La fouille des cadavres était systématique. Nous récupérions les armes, les documents, l'argent que nous distribuions à nos informateurs ; nous en avions une trentaine déjà qui couvraient de vastes étendues.

Ce qui se passait sur le terrain restait souvent un mystère. À chaque attaque répondait une contre-attaque massive contre la résistance tibétaine, et contre la population. Dans la région où nous nous trouvions, pratiquement tous les moines et les hommes jeunes avaient disparu. Un jour, je reçus un appel au secours d'un groupe tombé dans une embuscade. Quelqu'un les avait trahis. Les gardes rouges avaient pris position dans un hameau ; les survivants s'étaient repliés dans le monastère, à cinq cents mètres à peine des habitations. L'aviation avait terminé le travail.

Lorsque nous parvînmes sur les lieux, le drame était joué. Il ne restait que des ruines. Les maisons avaient été totalement rasées. Au monastère, je franchis des éboulis de pierres. Je les vis enfin, une dizaine de combattants tibétains et surtout des femmes et des enfants. Les gardes rouges avaient éparpillé les cadavres et, raffinement extrême, leur avaient tranché la tête. Les traces de sang me conduisaient inévitablement vers un corps. J'eus énormément de mal à persuader les autres d'abandonner les morts. Il le fallait, pour des raisons de sécurité.

Je sentais mes compagnons habités par une haine farouche. La barbarie des gardes rouges avait marqué les esprits. Mon groupe était de plus en plus déterminé, jusqu'à éprouver un plaisir presque sadique à aller au combat. En six mois, nous avions détruit une quinzaine de convois et tué près de quatre cents soldats chinois.

Il faisait nuit noire. Ce fut au cœur de ces ténèbres que nous subîmes le dernier assaut. Nous étions revenus dans notre cache depuis une semaine. Tout paraissait calme, trop calme. Vers vingt-deux heures, la bagarre commença. Je ressentais une étrange impression : les gardes rouges venaient de partout, trouant la nuit. Au fur et à mesure qu'ils progressaient, ils lançaient des grenades. Nous répondions par une fusillade nourrie. Nous savions que tout était fini. Quand, encore formes incertaines, ils sautaient sur nous, nous avions une fraction de seconde pour leur planter un poignard dans le corps. À un contre dix, vingt, plus peut-être, le jeu était inégal, mais nous nous battions avec rage. Des râles, des cris, mélange d'odeurs de sang et de poudre. Des ordres. C'était déjà fini. L'assaut avait duré tout au plus une vingtaine de minutes. Soudain, en un éclair, je compris. Ils n'étaient pas venus pour nous tuer tous.

Deux résistants avalèrent la pilule de cyanure donnée par la CIA. Je l'avoue, cette pensée m'effleura aussi. Mais qui témoignerait, si personne ne sortait vivant de cet enfer ? « Dans l'obscurité infinie des souffrances, un rayon de lumière peut à tout instant nous éclairer », rien que pour cet enseignement du Bouddha, je voulais vivre.

Nous avancions lentement. Étrange cortège dans le jour qui se levait. Nous étions enchaînés comme des pelotes de ferraille, dont seules les jambes étaient libres. Les gardes rouges marchaient près de nous, les baïonnettes pointées dans notre dos. Il nous fallut près de trois heures pour rejoindre la vallée, où des camions attendaient. Un officier s'avança vers moi et me frappa de la crosse de son pistolet.

— Tu vas payer pour tous mes hommes que tu as tués.

Nous embarquâmes à l'arrière des véhicules, rejoignîmes un autre convoi d'une trentaine de camions transportant des prisonniers. La colonne avançait à cinq ou six kilomètres à l'heure. Tout autour, des soldats surveillaient les flancs, prêts à répondre à toute attaque de la résistance tibétaine.

Au loin, un mirador, frêle, d'une vingtaine de mètres de haut, en plein cœur d'une vallée. Mon premier camp de travail.

7

La vie humaine, ce bien fragile et précieux

Les camps de travail entassaient ses morts de la même manière qu'elle usait les hommes et les femmes, à l'abri des regards étrangers. Le temps s'enlisait dans la déchéance. Nous étions des morts-vivants. Le monde, le mien, celui de mes compagnons, se modulait en fonction des séances de rééducation, des heures interminables à casser des pierres dans les carrières, et, le soir, à confectionner des sacs, des écharpes, des outils et, parfois, des peluches exportées vers l'Occident via Hong Kong, Singapour et Macao. La vie ici dans le laogai N° 2 dans l'Amdo était un vaste champ de carnage où les tortures, les viols, les bastonnades n'avaient qu'un seul objectif : nous anéantir. Nous étions des objets entre les mains de nos geôliers qui avaient droit de vie et de mort sur chacun de nous, qu'il fût chinois ou tibétain, catholique, musulman ou bouddhiste. Le directeur de la prison était un homme d'une cruauté bestiale. Quand il sentait qu'un prisonnier s'affaiblissait, il l'abattait lui-même d'une balle dans la tête ou dans les reins. Le corps était aussitôt transporté au dispensaire du camp, puis il était enterré dans les fosses qui longeaient l'enceinte.

Les mois passaient, et je voyais les détenus tomber les uns après les autres. Aux rares moments de répit, je me demandais combien de temps je tiendrais encore dans cet enfer. Au cours des séances de thamzing devenues quotidiennes, j'avais réclamé à plusieurs reprises la mort. Mais, mes tortionnaires avaient un savoir de la torture ; ils amenaient toujours leur victime au bord de la rupture, rarement ils allaient trop loin, ou alors un cœur avait soudain lâché.

Les mois, les années passés dans les laogai, les camps de travail, les fermes-prisons endurcissaient fatalement les cœurs. La haine n'assouvissait pas la vengeance, n'atténuait pas les souffrances. La foi ne suffisait parfois plus à endiguer les doutes. Plusieurs détenus s'étaient jetés sous les roues des chenilles ou pendus dans leur chambrée. Nous cachions le plus longtemps possible leur mort pour récupérer les rations. C'était risqué. Lorsque nous nous faisions surprendre à cacher un cadavre, les punitions tombaient, intraitables. Les bâtons électrifiés enfoncés dans l'anus ou cognés contre les testicules déclenchaient des hurlements insupportables. Le camp s'enfonçait alors dans un silence pesant. Lorsque les cris cessaient, un homme ou une femme avait encore succombé à ses geôliers ou sous les coups des prisonniers qui frappaient leur compagnon, tant ils avaient peur de prendre sa place.

Tous les mois, on voyait arriver deux ou trois camions qui déchargeaient des femmes, des

Chinoises, pour soulager les appétits sexuels des gardes ; mais ceux-ci ne se gênaient pas pour violer les jeunes nonnes ou même les prisonniers. Ces séances d'éducation se passaient dans une pièce où plusieurs nattes de terre et de paille étaient étendues. Les soldats s'adonnaient alors à leurs besoins les plus pervers. Ils riaient de voir tous ces corps nus soumis à leur seule volonté. Dans ce camp, je dus subir les outrages d'une dizaine de militaires qui m'obligeaient à marcher à genoux en aboyant, avant de me prendre. Mon corps était souillé de leurs jouissances.

La nuit, les gardes investissaient les baraquements. Ils ne s'intéressaient guère à nos cris de frayeur, à nos râles de douleur. Au hasard, ils pointaient les lumières crues de leurs torches sur nous et nous emmenaient. Nous devenions alors des pantins entre leurs mains, des jouets articulés pour leurs fantasmes alcoolisés. Alors que je participais à une de ces soirées un peu particulières, je croisai le regard d'un de mes bourreaux. L'avais-je vraiment regardé ? Il lança un ordre, et porta la main à son pistolet. Il m'ordonna alors de m'agenouiller devant lui sur un monticule de verre brisé. Il sortit l'arme de son fourreau, me l'enfonça dans la bouche, et me dit :

— Si tu bouges de plus de cinq centimètres, je te tire une balle dans la bouche.

Mes genoux saignaient. J'avais horriblement mal, mais je tins bon. Combien de temps dura ce supplice ? J'avoue ne pas pouvoir le dire. Lorsqu'il retira le canon de ma bouche, je ressentis un soulagement et en même temps une vague intense de regret m'envahit. La mort eût paru si douce, si belle, moins obscure que ce monde dans lequel je vivais depuis trop longtemps.

Notre calvaire s'achevait, lorsque nous voyions les torches s'éloigner, les lumières s'éteindre. Nous ne connaîtrions jamais nos tortionnaires d'un soir. Au petit jour, les détenus devaient se lever. Ceux qui, épuisés, n'y parvenaient pas, étaient abattus sur-le-champ. Les autres s'accrochaient à la vie, en espérant que les heures qui suivraient leur apporteraient la délivrance. À six heures, un officier, accompagné d'un interprète, entrait dans la chambre et nous questionnait. Comme je me refusais à insulter Kundun et Panchen Rinpoche et à renier leur autorité, les coups pleuvaient. Ainsi commençait chaque matin, ainsi finissait chaque soir.

Au fil des mois, j'avais beaucoup de mal à tomber dans le sommeil. Cependant, lorsque, roulé en boule, je parvenais à trouver refuge dans les prières, je sentais que quelque chose se dénouait en moi, émergeait de mes entrailles. Je percevais alors des voix. Pala me racontait sa nouvelle vie ; mon oncle me souriait, et surtout je voyais l'ermite qui posait son front sur le mien pour me donner l'énergie de résister, encore et toujours. Je voulais bien, mais qu'ils étaient insupportables ces hivers dans le froid et ces étés dans le vent et la poussière. Nous étions des humiliés, des oubliés, le cœur perdu avec la peur au ventre. Nous n'étions rien.

Dans le laogai N° 2, les morts se comptaient par milliers et c'étaient des fleuves de sang qui coulaient en permanence ici. Les méthodes étaient toujours les mêmes. Si nous parlions, l'officier nous écoutait, l'interprète notait tout. Nos réponses étaient toujours insuffisantes. Nombreux étaient les détenus qui se mettaient à parler, longtemps, sans s'arrêter, histoire de meubler le silence qui leur serait fatal. Lorsque l'officier en avait assez de les entendre, il tournait brutalement les talons. L'ordre tombait, sec, cruel :

— Vous êtes des menteurs ! Abattez-les ! Donnez-les à manger aux cochons...

Si nous refusions de parler, nous risquions à tout instant de subir le même sort. Les tortures étaient capitales dans le système des laogais, des prisons-usines et des prisons-fermes. Les critères des sanctions étaient bien établis sur les bases d'un raffinement particulièrement étudié. La mort n'était qu'un incident de parcours, qu'indifférence. Pour eux, nos défaillances provenaient du fait que nous avions toujours été des faibles, des lâches. Ils s'évertuaient donc à nous démontrer que nos croyances ne servaient plus à rien. Lorsque nous étions entre leurs mains, seul le ralliement à leur idéologie était salvateur. Ce qui m'épouvantait le plus, c'était de voir le plaisir sadique que nos bourreaux, chinois et tibétains, prenaient à nous faire souffrir.

An bœuf-eau (1973), les nouvelles que nous recevions dans les camps étaient fausses. Dans les journaux, on vantait les succès de la Révolution culturelle. En réalité, celle-ci était un échec sanglant. Mao Tsé-toung avait appelé à la rescousse Zhou Enlai qui avait désormais le champ libre, Deng Xiaoping, « le vieux roi de la contre-révolution » était de retour à Pékin ; à leurs côtés, un certain Wang Hongwen, trente-six ans à peine, syndicaliste « rebelle » venu de Shanghai, qui rêvait d'aller à contre-courant du système en place. An bœuf-eau, voilà trois ans déjà que je me trouvais dans le laogai

Nº 2. Nous travaillions les peaux des yacks sauvages abattus à la la mitrailleuse.

Il m'arrivait, dans les moments difficiles des thamzing, de penser que certains d'entre nous – moi peut-être – méritaient ces punitions. Nous avions des fautes à expier, lorsqu'on nous traînait dans les rues de Ziling, une pancarte accrochée autour du cou, ligotés, enchaînés. La foule attroupée nous lançait des pierres, crachait sa haine. Nous passions pour des voleurs, des violeurs, des assassins. Certains ne revenaient pas de leur « promenade » ; ils avaient été roués de coups par les Tibétains, sous le regard amusé de nos geôliers qui trouvaient un malin plaisir à aiguiser les haines. Le cortège s'étirait sur plusieurs kilomètres. Les prisonniers se suivaient à une trentaine de mètres l'un de l'autre. La mise en scène était d'une extrême précision, d'une redoutable cruauté. La foule, excitée par les slogans crachés dans les haut-parleurs accrochés sur les toits, s'acharnait sur les siens. L'exécution publique avait lieu au moins une fois par semaine. Au bout du chemin, ceux qui avaient survécu étaient alignés face aux habitants. Derrière eux, un soldat baïonnette au canon, pointe enfoncée dans le dos, attendait l'ordre fatal. Des coups de feu claquaient, des corps s'écroulaient ; si l'un d'eux bougeait encore, l'officier lui tirait une balle dans la nuque. Régulièrement, le directeur du camp recevait des hommes d'affaires occidentaux. Nous le savions, car le déguisement était obligatoire : pantalon de toile, chemisette bleue ; nous devenions les parfaits ouvriers de la mère patrie en marche vers le progrès économique et l'ouverture sur l'Occident. Les visiteurs passaient, aveuglés par leur orgueil. Peut-être savaient-ils que nous étions des prisonniers ? Je les considérais de toute manière comme les complices de ces tueries en série, de ces meurtres par épuisement. Pour moi, ces Occidentaux, dignes représentants de sociétés ayant pignon sur rue en Europe – France, Allemagne, Pays-Bas –, aux États-Unis, en Australie ou en Nouvelle-Zélande, en Asie aussi, étaient des assassins en puissance.

Jours de visite : les repas étaient améliorés, mais nous le payions très cher le lendemain. Les rations étaient réduites à un demi-bol de soupe à l'odeur fade et à un morceau gros comme le poing d'un pain moisi, dévoré par les rats. En trois ans, j'avais perdu quarante kilos. Je ne tenais debout que par miracle. Lorsque je trouvais un ver, je l'enfouissais dans le pli de ma tchouba, dont une fine pellicule de tissu recouvrait une partie de mon corps ; ce ver, une racine feraient mon festin du soir. Je les cachais aux yeux de mes compagnons. Combien de bagarres se déclenchaient entre nous pour un insecte.

Au milieu de l'année bœuf-eau, je fus transféré dans un camp en Chine, non loin de Chengdu. Le voyage se fit en camion, par groupes de quarante, enchaînés les uns aux autres. Impossible de nous asseoir, impossible de nous laisser tomber. Au moindre signe d'affaiblissement, les gardes nous abattaient. Dès notre arrivée, on nous fit passer une visite médicale. Les plus costauds iraient à la mine, les autres à la carrière. En fait, il n'y avait pas grande différence : les premiers travaillaient l'amiante, sans masque, à mains nues ; les autres cassaient les pierres, à flanc de colline ; les blocs étaient transportés à dos d'homme d'un point à un autre situé à deux cents mètres ; deux cordes servaient à les maintenir. Combien de mes compagnons, au bord de la rupture, mouraient, la poitrine broyée sous le poids de leur charge.

Chaque matin, nous pouvions aller jusqu'à la fosse. Là, je voyais des détenus récupérer des mouches et des vers qu'ils avalaient à la hâte. Beaucoup mouraient dans les jours qui suivaient. Leur corps était alors jeté dans une fosse recouverte d'une fine couche de terre, de l'autre côté des barbelés. Il suffisait ainsi aux prisonniers de gratter légèrement la terre pour y rajouter un cadavre. Tous les mois, on y mettait le feu, pour éviter des épidémies. Une source traversait le camp. Si nous buvions de cette eau autrefois si pure, nous avalions les excréments de nos bourreaux qui les déversaient systématiquement en amont.

La nuit tombée, je me réfugiais dans les prières. Des rêves parcouraient mon sommeil. Dans l'un d'eux, je vis un yogi chantant rien que pour moi. C'était Milarépa :

Il est à la source des quatre grands fleuves,
Espace où ondoient les poissons et les loutres...
Les gouttelettes qui frappent l'onde
Forment le flux d'un nectar laiteux
Où se baignent par centaines les divinités...
Plus merveilleux, il n'y a pas.
Plus étonnant, il n'y a rien[1].

Durant l'hiver de l'an lièvre-bois et dragon-feu (1975-1976), je fus à nouveau transféré dans un

1. *Les cent mille chants de Milarépa* (trois volumes), Marie-José Lamothe, Fayard.

camp de travail du Tibet, situé à la frontière du Kham et de l'Amdo. Trois semaines avant notre départ, nos geôliers avaient peu à peu augmenté nos rations alimentaires. J'avais repris quelques forces, mais, à l'image de la plupart de mes compagnons de chambrée, je rampais sur le sol pour ménager mes reins et ma colonne vertébrale. Des centaines de Tibétains étaient morts dans ce camp, des milliers de Chinois y avaient disparu.

Je ressentis au fond de moi une immense joie lorsque j'appris que je retournais au pays, même en tant que prisonnier. Plus de cinq ans venaient de s'écouler depuis mon arrestation. J'avais quarante-neuf ans et je n'avais pas encore vraiment connu l'enfer.

Le camp était entouré d'une muraille de barbelés. Quatre miradors d'une quarantaine de mètres de hauteur permettaient de surveiller les alentours ; des armes lourdes restaient pointées sur l'entrée ; les gardes tiraient à vue. Des rafales partaient régulièrement, leur jeu consistait à découper les lièvres et les singes qui s'approchaient trop près. Il y avait trois portes. Celle située à l'est s'ouvrait sur les baraquements des femmes ; celle de l'ouest sur les détenus politiques, tibétains et chinois ; celle du nord donnait sur les habitations du personnel. Les officiers vivaient un peu à l'écart. Dans mon secteur, il y avait les cuisines, placées juste à côté des fosses dont, surtout par forte chaleur, se dégageaient des vapeurs pestilentielles.

L'enfer de ce laogai, nulle part inscrit sur les cartes, j'allais le découvrir au quotidien pendant deux ans. La règle ici était chacun pour soi. Personne d'ailleurs ne pouvait aider l'autre ; nous n'en avions plus la force, et surtout nous étions en permanence sous étroite surveillance : un Chinois pour trente détenus et un interprète tibétain, plus sordide que le pire de nos ennemis, vivaient jour et nuit avec nous. Aux séances de rééducation, il dénonçait tel ou tel pour avoir osé implorer sa mère, une divinité, Bouddha, Kundun. Le chef du camp était un colosse, pas un guerrier mais une sorte de brute épaisse, nerveux, increvable, énorme dans son uniforme taché de graisse. Lorsqu'une prisonnière arrivait au camp, le soir même il allait la chercher, la traînait par les cheveux vers son baraquement. Les hurlements de la fille crevaient le silence, couverts par les rires gras de son tortionnaire. Lorsqu'il avait fini de jouer avec elle, il l'abandonnait à ses soldats. Pas un jour ne se passait sans qu'une détenue fût violée. Lorsque l'une d'elles tombait enceinte, le dispensaire se chargeait de l'intervention. Les fœtus étaient jetés dans la source. Nous pouvions les voir traverser le campement au gré du courant. Sa colère était légendaire, froide, hagarde, démoniaque. Lorsqu'il s'adressait à nous, seuls les prisonniers chinois le comprenaient. L'interprète tibétain vociférait, comme lui, des mots lourds de menaces. Ces rassemblements avaient lieu au milieu d'une cour où il trônait sur une estrade. Lorsqu'il sortait le pistolet de son étui, l'un de nous était inévitablement abattu. Sa faute ? Se trouver au mauvais endroit, au mauvais moment, et cela se passait évidemment après une harangue hargneuse contre Kundun et contre le Panchen-Lama.

— Vous devez lutter avec détermination à nos côtés pour détruire, pour réduire à néant ces lama soi-disant réincarnés. Ce sont des potentats qui se sont arrogé tous les privilèges. Nous finirons bien par anéantir cette hydre aux cent têtes qui écrase le peuple tibétain. Vous deviendrez un jour des hommes et des femmes heureux. Les communistes vous apporteront le bonheur. Mais, avant cela, il faut expier tous vos crimes. Vos chefs spirituels et vos divinités ne sont que des inventions destinées à vous tromper. Ce sont des réactionnaires dont vous étiez les instruments naïfs, qui servaient à l'exploitation des masses... Ce cadavre qui gît à vos pieds n'est plus rien, il ne renaîtra pas, ne revivra pas, car il était un agent de ce diable de Dalaï-Lama. Oubliez-le, ce traître au peuple tibétain. Quant à l'autre, votre Panchen Rinpoche, il continue à crever dans une des geôles de notre grande Chine.

L'homme trépignait, devenait de plus en plus furieux. Il suffisait d'un ordre, et nous n'existions plus.

Un jour, je me blessai à un bras ; un éclat d'une pierre m'avait profondément entamé la chair. Je saignais abondamment. Un garde me conduisit au dispensaire. Pour franchir les huit cents mètres qui m'en séparaient, il me fallut près d'une heure. Tête baissée, recroquevillé sur moi-même, je glissai, un pied après l'autre, avançant centimètre par centimètre. Le moindre obstacle m'eût fait chuter. La sentence eût alors été immédiate : la mort. Mais une voix lointaine, celle de l'ermite je crois, me commandait de tenir debout. Comme je refusais l'anesthésie, un infirmier me recousit avec un énorme fil et une aiguille non désinfectée. Je retournai aussitôt au travail, mais ce soir-là je subis un thamzing. Les autres détenus furent obligés de frapper sur ma plaie. Les chaînes qui m'entravaient la rouvrirent. Je m'évanouis.

Nous avions surnommé ce laogai, « le camp de l'ultime voyage ». Cinq cents Tibétains y avaient été tués, par épuisement, sous les tortures ou tout simplement assassinés. Plusieurs centaines de Chinois, catholiques et musulmans, y avaient subi un sort identique.

Dans ce camp, comme dans des centaines d'autres, les dispensaires étaient là pour soigner les blessés, aider les prisonniers malades, les maintenir dans un état de santé relatif. En fait, tout cela n'était que mascarade… Chaque jour, des hommes et des femmes disparaissaient. C'était, en général, de nouveaux arrivants, un peu plus en forme physique que les autres. Tous les trois jours, une camionnette du service de santé arrivait au lever du soleil et repartait vers quatre heures de l'après-midi, chargée de petites caisses rectangulaires, scellées, contenant des bocaux avec un cœur, un rein, des cornées. Toutes les précautions sanitaires étaient prises. Les clients se faisaient de plus en plus nombreux. La transplantation avait lieu dans un hôpital de luxe de Pékin, de Chengdu ou de Shanghai : elle coûtait entre trente et cinquante mille dollars, en fonction du client et de l'origine du « donneur ». Ici, les détenus étaient anesthésiés pour une blessure ou pour un mal de ventre. Ils ne se réveillaient plus. Les médecins leur enlevaient tous les organes vitaux utilisables. Je vis même des visiteurs américains, des Japonais, des argentiers du Golfe arpenter les couloirs des baraquements. Nous étions habillés de neuf et recevions pendant une semaine une nourriture très décente, mélange de soupe et de viande bouillie. Le sadisme atteignait son comble quand nos tortionnaires invitaient leurs hôtes à désigner eux-mêmes les futures victimes de leur lucratif commerce. Les médecins du dispensaire se faisaient en effet grassement payer – toujours en espèces – pour leurs crimes, des bénéfices partagés avec le chef du camp et quelques autres complices.

Un soir, alors que nous venions de rentrer dans notre baraquement, nous entendîmes les cris effoyables d'un homme que l'on torturait. J'appris longtemps après qu'il s'agissait de Palden Gyatso, qui devait passer trente-trois ans de sa vie dans les geôles de Chine et du Tibet. Les supplices qu'on lui faisait endurer étaient terribles. Un matin, alors que nous nous rendions à la fosse pour faire nos besoins, il s'accroupit près de moi. Son regard brillait d'une étrange lueur, une clarté sereine, dans l'enfer de ce laogai.

— Ne te laisse pas mourir ici. Tu dois vivre pour témoigner. Pendant que tu en as encore la force, évade-toi. Si tu acceptes, des amis te rassembleront un peu de nourriture dans une cache que nous t'indiquerons. Tu la trouveras de l'autre côté de cette fosse ; un trou permet de se glisser hors de l'enceinte. Le mirador ne peut pas te voir. Il n'y a pas de ronde. La fosse commune n'attire pas les Chinois. Nos morts leur font peur. Après, il y a un *no man's land*. Là, implore les divinités. Rassemble tes forces, puise ton courage en Kundun et cours aussi loin et aussi vite que tu le peux…

Cette nuit-là, je fis un rêve étrange. L'ermite me souriait, me tendait une khata, me parlait de sa grotte. Une cache idéale. Une semaine plus tard, Palden Gyatso se glissa à nouveau près de moi.

— Ta réponse ?

— J'accepte. Je ne sais pas si je pourrai rejoindre le Tsang.

— Il le faut. Tu dois vivre. Rejoins Kundun et dis-lui. Un jour, je te reverrai. Nous serons libres.

L'heure était venue pour aller à la fosse. Nous étions alignés les uns derrière les autres. Palden Gyatso se glissa juste derrière moi ; un autre détenu avec qui j'avais pu m'entretenir une ou deux fois me regarda droit dans les yeux.

— C'est maintenant ou jamais.

Une rangée, une autre, la nôtre. J'étais au centre, Palden Gyatso à ma droite, l'autre prisonnier à ma gauche. Il me donna un petit paquet contenant du riz et un peu de viande, cinq yuan [1] – une fortune –, une chemise et un pantalon dérobés à une famille chinoise, et des sandales. Ils tendirent deux bâtons au-dessus de la fosse, les maintinrent fort pour me permettre de la franchir. Les mouches me harcelaient, me piquaient les yeux, la bouche. Je restai un instant en équilibre au-dessus des excréments.

— Un peu de courage. Tu y es presque, murmura Palden Gyatso… Dépêche-toi ou nous allons nous faire prendre…

Je me glissai enfin dehors. À ma gauche, j'entendais des bruits de voix ; des soldats, une patrouille. Je rampai jusqu'à l'angle du baraquement. L'herbe haute me protégeait. Je distinguais parfaitement le garde sur le mirador. J'attendis l'obscurité pour sortir de ma cache, où d'autres aliments avaient été déposés. Le moment était venu de quitter ce camp. Je courais, plié en deux, sur

1. Un yuan vaut 0,74 franc français (estimation 1999).

deux cents mètres, cinq cents mètres. Je n'en pouvais déjà plus, mes jambes se dérobaient. Je me jetai dans un fossé pour reprendre mon souffle. Mon cœur battait à rompre. *Om Mani Pémé Hum.*

J'avais marché plusieurs semaines. Alors que je venais d'atteindre les frontières du Kham, des nomades m'avaient recueilli et m'avaient proposé de passer avec eux au moins l'hiver de l'an serpent-fer (1977). J'étais incapable de me mouvoir plus d'une centaine de pas. Me sentant d'aucune utilité, je leur proposai de lire chaque jour des textes sacrés contre la nourriture et le thé. Je reçus une tchouba presque neuve, une couverture de laine dans laquelle je m'enroulais la nuit. Je faisais des cauchemars horribles, des démons au faciès chinois me torturaient et, lorsque j'étais en sang, des Tibétains se relayaient pour me faire souffrir encore davantage. Ces rêves affreux s'effaçaient avec l'aube. Alors, je me levais et m'adonnais aux prosternations. Au début, je pouvais à peine en faire cinq ou six ; puis, mes forces revenant, j'en faisais plusieurs dizaines par jour. Un souvenir me marqua particulièrement à cette époque : je vis pour la première fois la photo de Gyalwa Rinpoche ; il devait avoir une vingtaine d'années et posait avec sa famille devant le Potala. Une joie intense m'envahit.

Il m'était impossible de rester avec les nomades. Lorsque je pris la décision du départ, je leur expliquai qu'il me fallait rejoindre Kundun en Inde, mais qu'auparavant j'avais encore une mission à remplir. Je voulais échapper à mes cauchemars, noyer ma détresse, mes tourments. Mon esprit était sans cesse assailli de doutes. Je vivais en permanence dans la confusion et j'étais persuadé que ce simple fait empêchait toute évolution de mon esprit. Il me fallait mettre en application les enseignements que j'avais reçus de pala, de mon oncle et surtout de l'ermite. Le chef de famille m'offrit un mala et un moulin à prières. Je pris la route, alors que le soleil se levait à l'horizon. Comme j'avançais dans la plaine encore fraîche de rosée, je m'entendis dire cette prière :

À partir de cet instant,
Et jusqu'à ce que j'accomplisse la mission
Qui m'a été confiée par vos disciples,
Dans le bonheur ou dans la peine,
Dans les circonstances bonnes ou mauvaises,
Je m'en remets à vous, ô Gyalwa Rinpoche,
Vous qui me connaissez.
Pensez à moi, inspirez-moi, guidez-moi,
Et faites-moi un avec vous !

J'avais également reçu une couverture usée, trente roupies, un peu de tsampa. Je franchis un premier col de manière assez alerte et m'engageai dans un sentier qui me paraissait abandonné. Je marchai encore une vingtaine de minutes et trouvai une grotte où je me réfugiai pour la nuit. En fait, je devais y rester presque un an. L'hiver était particulièrement rude. Lorsque je faisais du feu, je pouvais à peine déplier mes jambes. Le beau temps revenu, l'endroit restait humide. Je recouvris le sol d'un tapis de branches et commençai ma retraite. En fuyant le laogai, je m'étais promis de pratiquer le Dharma avant de rejoindre Lhasa, Shigatse, puis Dharamsala.

Mes conditions de vie pourraient choquer, mais je n'en souffrais pas. Je m'étais rapidement habitué à la curiosité des serpents à mon égard. Un après-midi, je vis apparaître une louve qui resta longtemps à m'observer. Je ne faisais aucun geste qui pût l'effrayer. Dans la nuit, elle mit bas, trois petits fauves qui me rappelaient l'ermite.

Sachez que toutes choses sont ainsi :
Un mirage, un château de nuages,
Un rêve, une apparition,
Sans réalité essentielle ;
Pourtant, leurs qualités peuvent être perçues

a dit le Bouddha. Cette louve n'était pas une apparition, mais bel et bien une réalité. Au fil des semaines, sa présence me révéla une compassion tendre envers cet animal. Elle le sentit à tel point que, par grand froid, elle m'offrait la chaleur de son corps ; je lui donnai la mienne. Ensemble, nous protégions ses louveteaux. Avant que la louve n'arrivât dans la grotte, mes nuits étaient marquées de très mauvais cauchemars. Par contre, le soir de sa venue, je fis un tout autre rêve : une vieille dame était venue m'offrir une coupelle triangulaire remplie de beurre fondu et de tchang. Il s'agissait là d'une offrande exceptionnelle que je bus d'un trait. Le lendemain, je retrouvai force et espoir, persuadé désormais que ma retraite serait bénéfique et qu'elle me permettrait de remplir totalement ma mission. J'étais heureux.

Je parvins à Lhasa au début de l'été de l'an singe-fer (1980). La ville avait beaucoup changé. Notre capitale était chinoise, avec de larges avenues sillonnées par les véhicules militaires et les Range Rovers conduits par des Tibétains – des collaborateurs qui avaient continué à gagner beaucoup d'argent sur nos souffrances et nos misères. Les Tibétains avaient perdu leur sourire légendaire ; ils avançaient en baissant la tête et, lorsqu'ils vous fixaient du regard, on y lisait la peur. Tout le monde se méfiait de l'autre. Lorsque je pénétrai pour la première fois dans le Jokhang et que je pus prier devant la statue de Jowo[1], un profond chagrin m'envahit soudain. Je pleurais.

Il me fallut au moins une quinzaine de jours avant de lier connaissance avec un lama. Je me confiais journellement à lui. Il m'écoutait, déroulant son mala en murmurant le mantra *Om Mani Pémé Hum*. Un jour, il me conduisit chez une de ses tantes, qui m'offrit le gîte pour le temps où je resterais à Lhasa. Ce fut ce moine qui m'apprit la mort de Mao Tsé-toung, en l'an dragon-feu (9 septembre 1976). Mes compatriotes crurent percevoir, venus de Chine, quelques signes d'ouverture et d'appel au dialogue. En l'an serpent-feu (1977), Pékin avait semblé vouloir tenir des propos plus conciliants. Le procès de la « bande des Quatre » eût pu laisser croire à une Chine nouvelle, loin des abus des années qui avaient précédé. Ngabo Ngawang Jigme[2], devenu

---

1. Statue du Bouddha Sakyamuni, la plus sacrée et la plus vénérée du Tibet.

2. Ancien gouverneur du Kham, qui poussa la délégation à signer l'« accord en 17 points », le 23 mai 1951.

notable du Parti communiste, avait annoncé dans un discours la possibilité du retour de Kundun à Lhasa. En l'an cheval-terre (novembre 1978), trente-quatre prisonniers, tous anciens membres de l'ancienne administration tibétaine, avaient été relâchés à grand renfort de propagande. J'appris aussi que le dixième Panchen-Lama avait été longtemps enfermé dans la prison de Qin Cheng, où il avait enduré les pires atrocités. Après la Révolution culturelle, il avait été placé en résidence surveillée. En 1979, Panchen Rinpoche avait été réhabilité ; il était à nouveau vice-président de la Région autonome du Tibet, puis il fut, l'année suivante, rétabli dans ses fonctions de vice-président du Congrès national du Peuple. Il fut autorisé à quitter Pékin pour Lhasa qu'il atteignit seulement en l'an chien-eau (le 6 juillet 1982).

Le lama me raconta alors ce fait terrible : durant sa détention, les communistes chinois avaient trouvé une femme pour le maître spirituel de Tashilhunpo. Elle était chinoise et s'appelait Li Jie, fille du général Dong Qiwu. Il l'épousa même en l'an cochon-eau (1983). De leur union naquit une fille nommée Renji Wangmu. Décidément, les Chinois avaient tout fait pour discréditer Panchen Rinpoche aux yeux des Tibétains. Malgré cela, ils n'y parvinrent pas, ce qui précipita peut-être la fin de Chökyi Gyaltsen.

Dès son arrivée dans la capitale tibétaine, Panchen Rinpoche déclara devant plus de vingt mille Lhasapa rassemblés devant le temple du Jokhang : « Le Tibet est ma terre natale et j'ai une considération particulière pour ce pays. Je n'ai pas vécu ici ces dix-huit dernières années, mais mon cœur a toujours battu à l'unisson avec celui du peuple tibétain. Le Tibet et les Tibétains m'ont toujours manqué et j'ai toujours pensé au bien du peuple... » Un peu plus tard, j'assistai à une autre de ses déclarations : « Les jeunes doivent utiliser leur jeunesse pour étudier avec acharnement, notamment la culture tibétaine, de manière à élever le niveau de toute la nation et à lui faire prendre place parmi les nations évoluées... »

Le 24 juillet, Panchen Rinpoche fut accueilli par plus de cinq cents moines à Tashilhunpo. Une étrange ferveur s'était emparée des lieux. Les Chinois ne quittaient pas le maître d'une semelle ; mais cela ne l'empêcha pas de rappeler une nouvelle fois tout son attachement à notre pays.

Au cours des célébrations du Mönlam Chenmo de l'an bœuf-bois (1985), le dixième Panchen-Lama nous tint des propos qui nous remplirent le cœur d'une joie profonde : « L'amitié qui m'unit à Gyalwa Rinpoche est d'essence spirituelle. Il n'y a aucune différence entre Sa Sainteté et moi. Certains essaient de semer la discorde entre nous. Mais ils n'y parviendront jamais... »

Deux ans plus tard, en l'an lièvre-feu (1987), au Congrès national du Peuple qui se tenait à Pékin, le maître de Tashilhunpo imposa de sérieuses critiques à son auditoire, invectivant les responsables des échecs de la politique communiste au Tibet, notamment en matière d'éducation, de développement économique, de transferts de population et de discriminations à l'encontre de la population.

Il revint à Shigatse en l'an serpent-terre (le 9 janvier 1989). Le dixième Panchen-Lama consacra les mausolées des cinquième, sixième, septième, huitième et neuvième Panchen-Lama, détruits pendant la Révolution culturelle et dont la restauration venait de s'achever. Les célébrations eurent lieu le 24 janvier. Chökyi Gyaltsen en profita pour affirmer que l'occupation chinoise avait apporté plus de destructions que de profits au peuple tibétain. C'en était trop. Le dixième Panchen-Lama mourut quatre jours plus tard, une mort mystérieuse.

8

Ils étaient à Tashilhunpo

La neige tombait dru. La plaine était secouée de hurlements. C'était le vent. Il tourbillonnait dans la vallée et faisait ployer les arbres et les deux hommes qui résistaient tant bien que mal aux premières pentes. Eux aussi avaient une tâche à accomplir.

Ils marchaient l'un derrière l'autre, en silence, économisant chacun de leurs gestes. La plaine était très dangereuse pour eux. Des marchands népalais, croisés le premier jour de leur fuite, leur avaient conseillé d'éviter les axes principaux, car nombreux étaient les barrages de fortune installés par la police et les militaires chinois entre Shigatse et Sera. Pour les contourner, une seule solution : emprunter des pistes abandonnées. La montagne saurait les protéger, du moins l'espéraient-ils. Malgré le froid et l'humidité qui les pénétraient jusqu'aux os, ils grimpaient toujours. Par endroits ils flirtaient avec les grands sommets éternellement enneigés et franchissaient des cols à plus de cinq mille mètres d'altitude, puis redescendaient autour des trois mille mètres. Voilà dix jours déjà qu'ils avançaient ainsi, obstinément, fuyant Tashilhunpo.

Épuisés, ils arrivèrent le matin du onzième jour sur la rive d'un petit lac. Autour, la montagne se dressait, inquiétante, menaçante, absorbante. Ils trouvèrent refuge dans une grotte et se permirent pour la première fois d'allumer un feu. Les deux hommes étaient deux jeunes moines, fidèles de Panchen Rinpoche. Ils avaient réussi à quitter le monastère à la fin du mois de décembre. C'était déjà janvier et, en ce lieu sinistre, la nuit, il faisait plusieurs degrés au dessous de zéro. À l'extérieur, la tempête de neige redoublait.

Quelques mois plus tard, six ou sept peut-être, je devais rencontrer ces deux moines. L'un allait sur ses vingt-trois ans, l'autre en avait à peine vingt et un. Ils étaient arrivés à Dharamsala, ultime étape de leur fuite, et avaient ainsi rempli leur tâche.

Je fus l'auditeur privilégié de leur récit.

Ils étaient encore novices à Tashilhunpo lorsque la nouvelle du décès du dixième Panchen-Lama leur était parvenue, le 28 janvier 1989[1], à vingt heures seize minutes très précises. Quelques jours plus tôt, le 13, Chökyi Gyaltsen avait quitté Lhasa pour Tashilhunpo ; le 22, il avait consacré un stupa contenant les reliques de cinq de ses prédécesseurs, recueillis dans ce qui existait encore des tombeaux

1. Si l'on se réfère à notre calendrier, il s'agit de l'an serpent-terre du calendrier tibétain. Il se peut cependant que l'année tibétaine précédente ne fût pas encore terminée. La mort du Panchen-Lama aurait donc été datée de l'an dragon-terre.

dynamités par les gardes rouges lors de la Révolution culturelle. Tashilhunpo se recueillait. Les cérémonies se succédaient. On laissait entendre que Rinpoche était épuisé. Le 28 janvier, il fut terrassé par une crise cardiaque ; ce fut en tout cas la version officielle de son décès. En fait, à la suite de l'allocution inaugurale du stupa, Chökyi Gyaltsen avait tenu à nouveau des propos abstentionnistes et Pékin avait alors décidé de l'éliminer par empoisonnement.

Ses funérailles furent fixées deux jours plus tard. Voulant semer le doute dans l'esprit des Tibétains, les autorités communistes firent de leur otage un héros de la mère patrie. Ils décidèrent de débloquer une subvention de 77,41 millions de yuan pour la construction d'un stupa [1], pour la conservation des reliques de notre maître spirituel et les recherches de sa réincarnation. Par cette attitude, la manipulation n'en était que plus palpable. Des témoins me racontèrent que des cérémonies conformes aux rituels traditionnels du bouddhisme tibétain avaient eu lieu entre décembre 1990 et juillet 1993 dans les monastères du Tibet occupé, notamment dans les provinces de Qinghai, de Gansu, du Sichuan et du Yunnan – c'est-à-dire dans le Tibet ethnique. Les moines, placés sous contrôle permanent des troupes en armes, auraient récité chaque jour vingt-trois textes sacrés du *Kangyur** et du *Tengyur**, entre deux séances de rééducation, la photo de Mao autour du cou, ou de thamzing. Les communistes soutenant les recherches de la réincarnation, c'était terriblement vrai. On dit même qu'à cet effet,

---

1. Il fut inauguré le 4 septembre 1993, en l'an oiseau-eau du calendrier tibétain.

certains *sutra** avaient été psalmodiés plus de cinq millions de fois.

Entouré de plusieurs maîtres spirituels, un des tuteurs du dixième Panchen-Lama accomplit, sur les berges du lac Lhamo Latso [1], une cérémonie d'offrandes au gardien des esprits qui ouvrait les portes du site sacré. Plusieurs heures s'étaient écoulées ainsi, sans qu'il se passât quelque chose. Soudain, les eaux du lac prirent une couleur laiteuse et se mirent à bouillonner. Lhamo Latso allait une nouvelle fois révéler ses secrets, à condition que chaque membre de la délégation ait un esprit pur. Instants magiques où un arc-en-ciel apparut pour se liquéfier sur un pic tout proche ; moments intenses, fragiles où de nombreuses scènes se dévoilèrent sous l'aspect d'un *mandala** ; moissons de signes, d'images aussi, comme autant de formes géométriques, de mirages trop souvent insaisissables. Tout était consigné sur un parchemin. Scellées, les visions de Lhamo Latso évoquaient certainement une renaissance, mais elles contenaient aussi de multiples réflexions sur l'impermanence. Ainsi que le dit Bouddha :

Sachez que toutes choses sont ainsi :
Un mirage, un château de nuages,
Un rêve, une apparition,
Sans réalité essentielle ;
Pourtant, leurs qualités peuvent être perçues.

---

1. C'est à cet endroit que le deuxième Dalaï-Lama, Gyalwa Guendun Gyatso (1475-1543), fit bâtir, en 1509, le monastère de Chökhorgyal, situé à quelque cent cinquante kilomètres de Lhasa, la capitale du Tibet. Ce lieu est parmi les plus sacrés du pays.

Sachez que toutes choses sont ainsi :
Comme la lune dans un ciel clair
Reflétée dans un lac transparent ;
Pourtant, jamais la lune n'est venue jusqu'au lac.

En l'an chien-bois (1994) de notre calendrier, trois groupes de recherches parcouraient secrètement une partie du pays. Le lac Lhamo Latso avait parlé, les oracles en transe avaient confirmé les visions. Une centaine d'enfants fut présélectionnée ; bientôt ils ne furent plus que vingt-huit. Tous étaient originaires des quarante-six districts des provinces du Qinghai, Gansu, Sichuan, Yunnan, et de la région prétendument autonome du Tibet. Pour Pékin, les recherches de l'enfant réincarné se déroulaient tout à fait normalement. C'était faire bien peu de cas pour notre souverain. Ainsi qu'il convenait à nos traditions religieuses, le quatorzième Dalaï-Lama allait, de son exil en Inde, jouer un rôle déterminant dans cette affaire.

Lorsque furent sélectionnés les vingt-huit enfants, Chadrel Rinpoche, qui dirigeait le comité de recherches, avait adressé « par la voie officielle » un message à Kundun révélant que Panchen Rinpoche s'était certainement réincarné. En l'an cochon-bois (mars 1995), le moine se rendit à Pékin pour participer à la réunion annuelle du Congrès national du peuple. Au cours de cette session, Chadrel Rinpoche réclama avec insistance le droit de contacter notre souverain pour le consulter sur la conclusion des travaux du comité de recherches et, invoquant notamment le poids des traditions, il fit valoir combien il était important que le chef spirituel des Tibétains participât à ce choix. La réponse de Li

Peng, le Premier ministre chinois, tomba comme un couperet : « Les étrangers ne seront plus autorisés à s'immiscer dans la procédure de sélection » ; il opposait au lama la perspective sinocentriste propre aux empereurs et reprise par le parti : la procédure dite de « l'urne d'or » suffirait à légitimer l'enfant. Chadrel Rinpoche eut beau expliquer le caractère irrévérencieux et irrecevable de cette méthode. Quelques jours plus tard, le pouvoir communiste établit un nouveau règlement concernant la recherche, la sélection et la désignation des réincarnations. Une rumeur se propagea alors avec insistance : Chadrel Rinpoche était devenu un personnage trop encombrant. Jiang Zemin, le président, et ensuite Li Peng, le Premier ministre, firent à nouveau savoir qu'ils « se passeraient » dorénavant du Dalaï-Lama : « Ses discours n'ont rien à voir avec la religion. En interférant dans le choix de la réincarnation du dixième Panchen-Lama, le Dalaï-Lama cherche avant tout à contester la souveraineté de la Chine sur le Tibet. Son seul et unique objectif est de provoquer le désordre et le chaos. En niant la tradition patriotique et le dévouement au bouddhisme de la lignée des Panchen, ce scélérat cherche à influer sur les bouddhistes tibétains. Son projet d'indépendance pour le Tibet n'a été proposé que pour diviser notre grande patrie. Il peut désormais remuer ciel et terre, la population tibétaine refuse de le suivre dans une démarche aussi suicidaire... »

Chadrel Rinpoche reprit le chemin de Tashilhunpo.

Le 14 mai 1995, nous apprîmes par une radio clandestine que notre souverain avait pris de vitesse les autorités communistes en reconnaissant le onzième Panchen-Lama en la personne de Guendun Chökyi Nyima, un enfant originaire du village de Lhari, dans la province de Nagtchou. Alors qu'à Pékin, on en était toujours à la délibération sur le choix du meilleur candidat, les moines pro-communistes de Tashilhunpo condamnèrent immédiatement l'attitude de notre souverain. Ils considéraient son choix comme illégal et non conforme aux conventions qui liaient « historiquement » le Tibet à la Chine.

La joie des habitants de la région du Tsang était profonde, d'une ferveur rentrée ; mais à Shigatse, celle-ci fut de courte durée. Alors que les cérémonies se déroulaient sans la moindre interruption, un drame se préparait dans le village natal du onzième Panchen-Lama. Nous, Tibétains, fidèles au Dalaï-Lama et à son gouvernement en exil, n'en savions rien ; nous n'aurions d'ailleurs jamais osé imaginer telle tragédie.

À Tashilhunpo, les roulements de tambours et les chants trouaient la nuit, les clameurs des danseurs transportaient notre ferveur. Les pèlerins arrivaient toujours plus nombreux. Le thé coulait à flots, le tchang aussi ; et toujours les prières, toujours les célébrations pour que les divinités prêtassent longue vie à Kundun, notre souverain, et à Guendun, le nouveau Panchen Rinpoche.

Le 17 mai, Chadrel Rinpoche et Djampa Chung, son secrétaire, furent arrêtés à Chengdu, dans le Sichuan. Dans le même temps, des hommes en armes avaient occupé le village natal de Guendun Rinpoche et bloqué sa rue. Des militaires avaient défoncé les portes des demeures, brisé les drapeaux à prières, les quelques meubles. Ils s'étaient acharnés sur la seule photo du Dalaï-Lama qui trônait sur l'autel entre deux statuettes du Bouddha, les lampes à beurre, les images des divinités. Réveillé en sursaut, l'enfant de six ans fut emporté sans ménagement par un officier qui hurlait comme un forcené. Panchen Rinpoche lui aurait simplement dit :

— J'ai fait un rêve cette nuit et je vous attendais. Ne faites pas de mal à amala et à pala.

Guendun n'eut pas le temps d'achever sa phrase. Ses parents furent enchaînés, son père frappé à coups de crosse, la maison totalement saccagée. Leur faute, la seule ? Avoir donné le jour à la réincarnation du dixième Panchen-Lama. C'était le 21 août. D'abord séparés, l'enfant, son frère, ses parents furent conduits dans le camp militaire du district, d'où un hélicoptère les transporta vers la Chine.

Cinq ans déjà, et nous ne savons rien de lui, si ce n'est que Guendun porte sur son corps les marques des tortures et des coups reçus par le dixième Panchen-Lama. Seule une photo nous est connue. Elle fut très vite interdite.

Le matin suivant l'enlèvement, des camions s'arrêtèrent devant la porte principale de Tashilhunpo. Shigatse était totalement encerclée et on apercevait au loin les automitrailleuses qui avaient pris position dans la cité et sur les axes principaux. Selon les dires des témoins, les deux moines qui s'étaient confiés à moi à Dharamsala, on dénombrait quelque quatre cents véhicules dont les canons étaient tous pointés sur le monastère. À l'intérieur, les religieux avaient été sortis de leurs cellules et des temples où ils méditaient ou se recueillaient, à coups de pied, de matraques et de crosse, et rassemblés dans la cour. Les religieux n'étaient plus que des potiches que les agents communistes pouvaient briser à loisir. Il suffisait d'un regard, d'une prière transformée en insulte : un cri, un hurlement de douleur, et une balle qui claquait. La mort.

Dans la cour, les religieux étaient agenouillés, la tête baissée, certains enchaînés, d'autres crucifiés au centre d'un cercle. Des haut-parleurs crachaient des hymnes chinois à la gloire de la mère patrie. Ils devaient les chanter et les adopter comme leurs, alors que les pauvres bougres n'en comprenaient même pas le sens.

— Nous sommes ici, serfs immondes, pour vous libérer du poids de votre passé. Nous ne reconnaissons au scélérat que vous appelez Kundun aucun droit. L'enfant qu'il a désigné a été conduit dans un lieu sûr avec sa famille pour le protéger des traîtres qui entourent le bandit. Nous allons commencer aujourd'hui même votre éducation. Ceux qui résisteront seront punis, comme ceux-là, qui se tiennent, minables, à attendre notre compassion.

L'officier s'approcha du moine crucifié qui n'était que plaie sanguinolente. Il sortit un pistolet de son étui, pointa le canon sur la nuque, et tira en riant aux éclats.

— Regardez-le bien, ce chien. Il n'est plus qu'un pourceau impur que les charognes vont bientôt dévorer. C'est votre seul droit à Tashilhunpo : crever comme lui ou apprendre à aimer notre patrie. Alors, vous obtiendrez la clémence de notre président. Vous vivrez peut-être, si vous vous montrez dignes de votre vie nouvelle. Vous pouvez aussi quitter ces loques rougeâtres pour une tenue plus décente.

Le témoignage de ces deux moines me plongea un demi-siècle en arrière, me rappelant ma propre histoire. À Tashilhunpo, les marchands connus par Chadrel Rinpoche avaient été arrêtés et accusés de complicité. Cinquante cadres du bureau de la sécurité publique occupaient désormais les cellules des moines qui avaient été tués ou envoyés dans les camps de travail.

Le mois de juin fut terrible. Les cadres communistes investissaient chaque soir une chambrée et, interrogeant les moines et les moinillons un par un, ils enregistraient le moindre de leurs dires. Leur but était de dresser les religieux les uns contre les autres en les accusant de soutenir le Dalaï-Lama. À bout de forces, des moines cédaient à la pression et dénonçaient leurs voisins, des proches, un frère, un père, une mère. La sentence était immédiate : le « traître » était d'abord torturé, puis traîné près d'une fosse commune. Aligné avec une vingtaine de ses compagnons, on l'abattait. À peine recouverts de terre, les corps étaient abandonnés sans même que les soldats vérifiassent que l'un ou l'autre des prisonniers ne fût encore en vie. Des moines avaient cependant la force de crier : « Liberté ! Vive Kundun ! Vive Guendun Rinpoche ! »

La nuit, les cris de souffrance des hommes que l'on torturait perçaient les murs épais du monastère. Les soldats utilisaient des bâtons électrifiés qu'ils enfonçaient dans la bouche, dans l'anus ou qu'ils pointaient sur les parties génitales de leurs victimes. Le silence, pesant, insupportable qui suivait, n'indiquait rien de bon. Quelques minutes plus tard, un autre cri, d'une autre cellule, des hurlements hystériques, des armes qui claquaient. Toute tentative de révolte était immédiatement matée dans le sang et dans la douleur. Les répressions étaient quotidiennes. À Shigatse, les troupes débarquaient de jour comme de nuit, investissaient une maison. Lorsque les soldats ou les policiers découvraient dans une demeure l'unique photographie de Guendun Rinpoche qui circulait par la bande, cette famille avait été donnée. Tout pouvait alors lui arriver : les hommes et les femmes molestés, les jeunes filles violées.

En écoutant ces deux moines, je me disais que tout était perdu. Les communistes chinois ne se contentaient pas d'occuper notre pays, ils avaient voulu faire table rase de nos traditions, de notre langue, de notre religion. Et lorsqu'ils faisaient écorcher vif un prisonnier par d'autres détenus, ils criaient :

— Vous voyez bien que le scélérat ne vient pas à votre secours. Seule la mère patrie peut vous aider et vous guider.

À Shigatse, on vit ce que personne au Tibet n'aurait osé croire possible : les jeunes insultaient les parents ; les parents tuaient leurs enfants, leurs oncles, leurs tantes ; des moines étaient obligés de forniquer avec des nonnes : au nom de la libération, au nom du progrès. Prier était un sortilège, la compassion une utopie, la tolérance un acte de lâcheté, la bonté une déchéance. Les Tibétains étaient devenus des aveugles sans repères. L'idéologie que prônait l'occupant était la délation, la vengeance. Guidés par la peur de l'autre, nous vivions depuis cinquante ans dans la dénonciation, bien au-delà de tout ce qui était imaginable. Lorsque nous croisions dans la rue un proche, une connaissance, nous en étions arrivés à détourner la tête : nous pouvions lui nuire ; il pouvait être de mèche avec les Chinois.

Les Tibétains vivaient désormais dans l'indifférence totale. Ils étaient le néant. La désignation du onzième Panchen-Lama était un événement ressenti par nous tous comme une grosse bouffée d'espoir. Les autorités communistes en étaient conscientes. Il leur fallait donc briser dans le cocon cet élan, cette ferveur un moment retrouvée. Tous les moyens étaient bons pour y parvenir.

L'administration réglait notre quotidien. Pour les Chinois, il n'y avait pas de maigres profits. Ils avaient corrompu les plus faibles de nos compatriotes et en avaient fait des guides, des interprètes, des bistrotiers, et surtout des indicateurs. Tout leur rapportait, y compris le bouddhisme qu'ils étaient venus éradiquer de notre sol. Les moines étaient sortis des camps de travail pour faire de la figuration dans des bâtiments en majeure partie détruits. Les autres qui se consacraient à la religion avaient adhéré au parti et les quotas d'admission variaient au gré des districts. La prospérité se faisait sur le dos des pauvres gens qui avaient tout perdu, sauf leur foi en Kundun et en Panchen Rinpoche. Les Chinois avaient déversé des milliards de yuan pour nous acheter d'abord, nous assimiler ensuite, ainsi qu'ils le firent avec les autres minorités. L'extorsion et la corruption étaient à tous les niveaux de la société chinoise et tibétaine. Les autorités se montraient très tatillonnes. Les fonctionnaires en profitaient. Le peuple tibétain était leur cible privilégiée. Pour nous, rien n'était possible ; pour eux, tout était permis.

La caserne voisine de Tashilhunpo grouillait de militaires armés jusqu'aux dents. Jour et nuit, des camions déversaient des flots de petits hommes verts et d'autres repartaient. Tout se passait sous les yeux d'une population d'une apparente docilité. Les Chinois étaient venus installer chez nous leur civilisation, la vraie, l'unique, l'incontournable. Du matin au soir, des haut-parleurs crachaient des chants révolutionnaires entrecoupés de slogans du parti et de communiqués de « désinformation ». Les autorités communistes avaient misé sur le temps, appliquant contre ceux qui osaient les braver ou leur résister, un travail de sape méthodique, peu spectaculaire, mais terriblement efficace. L'idéologie était journellement appliquée : les hommes et les femmes à la solde de l'occupant poussaient toujours plus loin leur autocritique. La violence était la conséquence de leur analyse glaciale, entièrement forgée dans l'intoxication de l'esprit. Ils croyaient à la beauté et à la bonté de la mère patrie, approuvaient ses doctrines au nom de la morale et d'un idéalisme qui les avait amenés à lutter contre nos superstitions légendaires. Nous passions pour des êtres moralement laids et, cette laideur, nous devions l'expier en payant le prix fort : renier Kundun ou sacrifier notre vie. Depuis cinquante ans, la machine communiste était en marche au Tibet ; elle n'avait cependant pas réussi à nous broyer. L'enlèvement de Guendun Rinpoche changeait désormais les donnes de notre histoire.

Les deux moines me racontèrent alors comment,

dans les semaines qui suivirent, la situation devint de plus en plus intenable à Tashilhunpo, à tel point que plusieurs moines se pendirent dans leur cellule. Nous, bouddhistes tibétains, nous condamnions habituellement une telle attitude, mais, personnellement, je comprenais ces gestes d'ultime désespoir, la mort étant leur seul recours pour échapper à la torture. Lorsque, plusieurs années auparavant, j'avais eu, moi aussi, à répondre de crimes que je n'avais jamais commis, j'avoue avoir songé à me donner la mort. Quelques-uns s'étaient soumis, avaient adhéré à l'idéologie communiste et s'employaient à s'enrichir en étant l'instrument du mal. Ils se sauvaient peut-être provisoirement, mais en prétendant être autre chose que ce qu'ils étaient en réalité, ils engendraient inévitablement la suspicion, dans cette vie et plus probablement encore dans les prochaines. Les autorités communistes étaient impitoyables et ne pardonnaient pas le moindre faux pas à leur implacable logique. Les Tibétains qui étaient tentés par la collaboration préparaient ainsi leur propre destruction. Mais il y avait tous les autres, ceux qui résistaient par l'esprit ; ils étaient les plus nombreux, j'en faisais partie.

Au dire de nos deux témoins, les événements évoluèrent très rapidement. Shigatse connaissait une animation particulière. Les troupes défilaient dans les rues, patrouillaient sur le lingkor – le chemin qui faisait le tour du monastère –, s'entraînaient à quelques centaines de mètres des moines qui vivaient sous le contrôle permanent du comité installé dans les lieux. Les photos de l'enfant réincarné reconnu par le Dalaï-Lama avaient disparu des autels dans les temples. Pékin contestait ce choix, le proclamait ouvertement, mieux encore prétendait avoir trouvé un autre enfant, un certain Norbu, né dans le même village que Guendun, dans la même rue. Seule différence avec Guendun, ses parents étaient membres du parti.

À l'intérieur de Tashilhunpo, les tortures et les séances de rééducation s'intensifiaient. Les Chinois considéraient l'action menée par le Dalaï-Lama comme un véritable outrage à leur politique d'assimilation, une manipulation inacceptable : « Ce qu'il a fait dans le cadre de la désignation du onzième Panchen-Lama prouve une fois de plus que le traître à la mère patrie n'a pas abandonné son rêve de devenir "roi du Tibet". Depuis 1959, il est resté un séparatiste qui méprise nos lois et se moque du pouvoir central. Jamais, nous ne le laisserons mener à bien son projet. Le Dalaï-Lama n'est en rien concerné par la désignation du Panchen-Lama. L'enfant qu'il a choisi est donc un usurpateur, et c'est pour l'arracher aux griffes des séparatistes à la botte des impérialistes que nous avons décidé de veiller sur lui. »

Les moines de Tashilhunpo apprirent dans la nuit du huitième au neuvième jour du dixième mois de l'année du cochon-bois (le 29 novembre 1995) qu'à Lhasa, Norbu avait été officiellement intronisé onzième Panchen-Lama. Les haut-parleurs vantaient les qualités de l'enfant qui avait alors six ans. Les slogans patriotiques étaient davantage ciblés sur le rôle historique des Panchen. En fin d'après-midi du neuvième jour, les moines, rassemblés de force dans la cour du monastère, furent contraints de prier pour la protection de Norbu. Les temples furent spécialement ouverts aux prières ; des lampes à beurre avaient été allumées sur tous les autels et diffusaient sur les murs d'étranges jeux d'ombres et de lumières. Malgré la solennité des lieux, l'atmosphère y était pesante. Des soldats pointaient leur baïonnette sur le cou des moines et les obligeaient à crier : « *Lhagyalo* ! *Lhagyalo* ! Les dieux sont vainqueurs ! » À qui pensaient-ils vraiment : à Guendun ou à Norbu ? Chacun savait que, depuis 1949, des religieux – dont quelques hauts dignitaires – avaient pris fait et cause pour l'occupant, une répétition de l'histoire qui avait provoqué l'arrestation de Chadrel Rinpoche et de ses proches. Ceux qui refusaient de se prêter au jeu étaient immanquablement frappés avec les bâtons électrifiés ou subissaient de dures séances de thamzing. Les hurlements de terreur glaçaient les os.

Le monastère était totalement encerclé, le lingkor interdit aux pèlerins. La caserne s'était vidée de ses véhicules. Shigatse vivait sous haute surveillance. Tout déplacement était réprimé par la force. Les habitants se terraient chez eux, la peur au ventre. Des patrouilles investissaient les demeures, défonçaient les portes, retournaient totalement les pièces à la recherche de photos de Guendun Rinpoche et de Kundun. S'ils en trouvaient, ils choisissaient l'un ou l'autre membre de la famille, le rouaient de coups, tabassaient les anciens qui continuaient à murmurer le mantra *Om Mani Pémé Hum*. Le sang maculait les murs. Les Chinois semaient la terreur.

Dans les temples, la liesse n'était que mascarade. Notre pays était plus que jamais en danger. Les autorités chinoises répétaient ce que leur avait si souvent dit le président Mao Tsé-toung : « Seul le temps viendrait à bout de la résistance tibétaine… »

Échanges de khata et cérémonies religieuses allaient avoir lieu pendant plusieurs semaines au gré des allées et venues des officiels chinois et tibétains. Norbu, le Panchen-Lama fantoche, investi d'un pouvoir supérieur à celui du Dalaï-Lama, arriverait bientôt à Tashilhunpo. Pékin prendrait sûrement le temps d'endoctriner l'enfant à son idéologie totalitariste, car son statut lui octroyait désormais le droit d'influer sur le cours de notre histoire. En désignant à la place de Guendun Rinpoche un autre enfant, les communistes pariaient sur la disparition prochaine de notre souverain, le quatorzième Dalaï-Lama. Norbu aurait alors l'opportunité de désigner l'enfant-réincarné. Par contre, en décidant de mettre un terme à la lignée des Dalaï-Lama, le faux Panchen pourrait fort bien prendre en main les affaires temporelles du pays ; débarrassé d'un gêneur indésirable, Pékin jetterait sur lui un regard bienveillant, et notre communauté, confrontée à un schisme incontrôlable, disparaîtrait totalement.

Le pouvoir communiste a donc engagé dans notre pays une partie d'échecs avec deux enfants pour enjeu : Guendun Chökyi Nyima, privé depuis cinq ans des libertés auxquelles tout enfant peut aspirer ; Norbu, considéré par la majorité de la population tibétaine comme un imposteur ; tous deux sont âgés de dix ans et sont les otages de Pékin. Mais de la survie du onzième Panchen-Lama, le vrai, et de la santé du Dalaï-Lama dépend aujourd'hui le sort du Tibet.

On était déjà le dernier jour du dixième mois de l'an cochon-bois de notre calendrier. Il faisait froid. Le vent soufflait en rafales, la neige tombait, épaisse, tournoyante. Avant, on travaillait dans les cellules : les moines imprimaient des livres, sculptaient le bois, dessinaient et peignaient des thanka, fabriquaient de l'encens et des médicaments. Après l'enlèvement de Guendun Rinpoche, les chambrées avaient été totalement vidées de leur maigre contenu, les médicaments brûlés, les céréales confisquées, des œuvres d'art emportées.

Et puis Norbu vint à Tashilhunpo. Sur tous les axes qui menaient à Shigatse, les soldats avaient dressé des herses de sécurité. Personne ne passait. Les quelques habitants de Shigatse qui s'aventuraient dehors et s'adonnaient à leurs prosternations quotidiennes, étaient chassés à coups de botte et de matraque. Les policiers traquaient les résistants, moines et civils. Un matin, un novice cria : « *Rangzen*, liberté ! *Rawang*, indépendance ! » Dans la minute qui suivit il fut entouré, enchaîné et emmené vers une destination inconnue. Pour avoir osé braver les autorités et clamer son soutien à Kundun, il mettait sa vie en pointillé : il risquait dix ans de travaux forcés, voire plus, et les peines doublaient en cas de récidive.

Une nuit, vers deux heures, les militaires rassemblèrent les moines et leur distribuèrent des vêtements neufs. Les lampes à beurre furent allumées, les temples préparés, des volutes d'encens apaisaient les esprits. Les quelques récalcitrants étaient aussitôt matés : coups de crosse sur la colonne vertébrale, coups de pied dans les reins, bâtons électrifiés sur les bras. Il fallait que Tashilhunpo ressemblât à un monastère paisible. Les chants des moines s'élevèrent soudain, chants de misère, de souffrances retenues, terriblement poignants. Des novices pleuraient ; les soldats, à peine plus âgés, veillaient, visage fermé, menaçants.

Les chants se fluidifièrent soudain, devinrent vibrations, les sons s'harmonisèrent. Tenues à l'horizontale, les cymbales flottaient dans l'espace en émettant des sons aussi limpides que le bruissement d'une source. Des lama les frappaient les unes contre les autres devant leurs oreilles, les portaient ensuite vers celles de leur voisin ; tout en eux était détachement, tout était transparence. Les gardes n'existaient plus. Seuls les sons des cymbales et des bols chantaient dans leur tête. Pourtant, ces moines se sentaient épiés, souvent par les plus fidèles de leurs compagnons. En permanence aux aguets, ceux-ci étaient toujours prêts à dénoncer un fidèle de Kundun ou de Guendun Rinpoche ; ils s'épargnaient ainsi les redoutables séances de rééducation et d'autocritiques. Mais lorsque le groupe de travail n'avait plus besoin de leurs services, ils subissaient exactement le même sort ; leurs tortionnaires y ajoutaient même un peu plus de vice.

Vers six heures du matin, le comité de travail ordonna de servir aux moines de Tashilhunpo du thé tibétain et un mélange de riz sucré et de raisins secs. Un escadron de militaires s'était aligné devant la porte d'entrée. Les automitrailleuses s'étaient placées dans différents endroits stratégiques. Leurs canons pointaient sur Shigatse et sur le monastère. L'attente commençait. Les chants avaient cessé. Un officier de l'armée chinoise, en tenue d'apparat, bardé de décorations, lançait des ordres gutturaux.

Monté sur une estrade décorée d'un rideau rouge, il s'adressa enfin aux religieux :

— Quiconque refusera d'honorer Norbu Rinpoche, le onzième Panchen-Lama désigné par tirage au sort dans l'urne d'or, sera abattu sur-le-champ. Montrez-vous dignes de votre nouveau maître. Vous devez renier le scélérat qui vit en exil, condamner son choix, sa politique d'agression. Honorez les dignitaires de la mère patrie qui viennent vous rendre visite. Vous êtes des moines heureux maintenant, qui avez toute liberté de pratiquer le bouddhisme, alors qu'avant, vous n'étiez que des esclaves, des serfs immondes.

Dehors, dans Shigatse, les rues principales avaient été décorées de drapeaux à prières. Quelques voitures stationnaient, des collaborateurs. Une partie des habitants avaient été obligés de se vêtir de leurs plus beaux atours. Alignés sur deux files le long de la rue principale, ils attendaient le convoi. Un groupe de danseurs exécutait une danse sacrée. Un drapeau à prières avait été tendu à l'entrée du monastère, dont le portail était exceptionnellement ouvert. Des moines, coiffés de leurs bonnets jaunes, se tenaient de part et d'autre de l'allée bétonnée et brûlaient de l'encens. Le convoi arriva, composé d'une dizaine de limousines, d'un car blanc et de trois estafettes de policiers ; au milieu, un véhicule ayant appartenu au dixième Panchen-Lama – du moins le prétendait-on – entièrement habillé d'un tissu jaune ; au milieu du capot, un drapeau doré ; à l'intérieur, Norbu, le « Panchen chinois ». Il avait alors six ans.

Les cérémonies officielles pouvaient démarrer. Les deux témoins se trouvaient dans la cour principale, lorsqu'ils entendirent le vrombissement des moteurs.

Il était huit heures du matin ; ils entonnèrent le sutra de la consécration et des prières lancinantes qui avaient cependant perdu de leur amplitude. Des dignitaires du conseil des Khenpo s'avancèrent, ouvrirent les portes. Un Chinois descendit de la voiture, suivi de Norbu, vêtu d'une robe monacale dorée et coiffé d'un « bonnet jaune ». Des officiels étaient réunis sur l'estrade, représentants du gouvernement communiste, des Tibétains, laïcs et religieux, à la solde de Pékin. Norbu parut hésiter un instant. Un Chinois le poussa dans le dos. Le « Panchen chinois » apparut enfin, véritable marionnette entre les mains des autorités communistes. Les responsables du conseil des Khenpo l'entouraient, des civils tibétains et chinois le talonnaient, en jetant constamment alentour un regard dédaigneux ; les porteurs d'emblèmes suivaient.

L'enfant entra dans la salle des cérémonies[1]. Son tuteur l'y attendait ; il lui présenta respectueusement la khata. Un Chinois déroula la proclamation déclarant Norbu onzième Panchen-Lama. Le « Panchen chinois » s'assit sur le trône de bois de santal doré qui avait appartenu à son prédécesseur, siège qu'aurait dû occuper Guendun Rinpoche. On lui apporta alors une coupe contenant un liquide douceâtre, le *droma*, que Norbu fit circuler dans l'assistance. Ce signe de bon augure fut immédiatement suivi de la cérémonie d'offrandes du thé. Les conques et les tambours ajoutaient à la solennité du moment. Les encensoirs fumaient.

Une autre cérémonie eut lieu le 8 décembre, cette fois en présence de Li Tieying, représentant du

---

1. Sunlight Hall of the Labrang.

conseil d'État. Norbu reçut ce jour-là, de la part du président Jiang Zemin, un livre d'or de plus de deux mètres de large et d'un mètre de hauteur, sur lequel était écrit : « Préservez toujours la mère patrie et le travail dans l'intérêt du peuple. » Le conseil des Khenpo fit alors offrir par Norbu la plus ancienne thanka de Tashilhunpo, une œuvre sacrée de plus qui allait enrichir les trésors du communisme chinois ; autre cadeau remis à Li Tieying, une très belle tapisserie représentant une vue panoramique du monastère. Le lendemain, l'enfant fut convié, avec les cinquante mille habitants de Shigatse, à un opéra. Huit jours plus tard, le 15 décembre, huit cents moines furent obligés, lors d'une célébration officielle, de rendre hommage au « Panchen chinois », en invoquant la protection des divinités pour qu'elles lui accordassent une longue vie. Mais ce jour-là, une vingtaine d'entre eux furent arrêtés pour avoir refusé de se prêter à une telle mascarade. Une douzaine d'autres devaient encore disparaître, lorsque les deux témoins décidèrent de s'enfuir ; ils voulaient coûte que coûte gagner Dharamsala et raconter à Kundun ce qu'ils avaient vécu à Tashilhunpo.

Les deux moines se voyaient chaque jour dans le temple principal. Ils ne savaient pas où leur fuite les mènerait. Ils avaient peur, mais étaient conscients que la peur ne menait nulle part. Leur entreprise devait être gérée dans le plus grand secret. Seule une tante avait été prévenue ; elle leur avait fait parvenir quelques roupies indiennes et des habits civils qu'ils avaient cachés dans un trou creusé à dix pas du mur principal et autant d'un peuplier, sous lequel ils avaient pris l'habitude de venir étudier les textes sacrés et de débattre.

De nombreux dangers les guettaient, les patrouilles militaires, la police, les indicateurs, mais également les intempéries. Il leur fallait marcher des mois, traverser des cols par des pistes abandonnées, éviter les villes et les villages, les campements de nomades, les routes et les pistes fréquentées par les caravaniers, et les animaux sauvages. Mais, pour quitter Tashilhunpo, il fallait que la surveillance du comité de travail se relâchât quelque peu. Fin décembre, le « Panchen chinois » avait quitté le monastère, pour Pékin disait-on. Le dernier soir du mois, les deux moines s'étaient retrouvés dans le temple ; il n'y avait pas eu de « séance de rééducation » et un calme apparent régnait.

En sortant du temple, l'aîné dit :

— C'est pour cette nuit. Retrouve-moi ici à deux heures. Prends garde à toi, ne parle à personne, et, surtout, ne montre aucune nervosité.

Il était alors presque vingt-deux heures. Quatre heures plus tard, ils se rejoignirent sous le peuplier, sortirent du monastère sans rencontrer âme qui vive, et gagnèrent les ruines du dzong, l'ancienne citadelle. Là, ils se changèrent, dissimulèrent leurs robes monastiques et s'engagèrent sur un chemin tortueux.

La nuit fut brève. Les soldats, nombreux autour de Shigatse, les avaient poussés à marcher en parallèle à la route. Lorsque le jour se leva, ils trouvèrent refuge dans un chörten, un lieu que les Chinois préféraient éviter. Ils s'endormirent en déroulant leur mala, protégés par les reliques et les divinités. *Om Mani Pémé Hum.*

La nuit du douzième jour, les rafales de neige s'étaient transformées en un vent froid qui soufflait en continu et qui avait chassé les nuages au-dessus du lac. Ils étaient tous deux assis à l'entrée de la grotte et observaient le ciel étrangement lumineux.

— Ne compte jamais les étoiles, sinon elles nous compteront à leur tour, un mort, deux morts...

— Je ne les compte pas ainsi ; pour moi, ces étoiles sont des divinités...

— C'est bien. À leur tour, elles nous compteront comme étant tous deux des êtres humains.

Et les deux moines reprirent leur marche. Pas question ici de conter leur périple au risque de mettre en danger ceux qui leur vinrent en aide. Des divinités les avaient protégés.

9

Un temps pour partir, un autre pour renaître

Nous sommes en l'an lièvre-terre (1999). J'ai soixante et onze ans. J'ai conscience que ma vie a été particulièrement tourmentée, que j'ai cruellement souffert, comme beaucoup de mes compatriotes. Cette vie, la leur, fut le terrain de luttes incessantes, quotidiennes, entre le bien et le mal. J'ai connu la colère, la haine, j'ai essayé de comprendre la leur, sans jamais les juger. Comment condamner un peuple aveuglé par les souffrances, comment renier des hommes et des femmes martyrisés et que la révolte, ô combien compréhensible, avait éloignés des enseignements du Bouddha ? Ne m'en étais-je pas moi-même détourné ?

Comme eux, j'ai songé à me détruire. Je ne sais pas pourquoi j'ai pu résister à la tentation du suicide, très forte par moments, à l'abandon physique et mental – plonger dans la folie n'eût-il pas été très doux ? L'anéantissement d'un être vivant peut parfois dépasser tout entendement. Malgré tout, j'ai toujours conservé la foi, persuadé que mes ennemis d'hier seraient mes amis de demain, ou, dans mes prochaines vies, mon père, mon frère, ma mère, ou quelque proche très cher à mon cœur.

Quand j'étais enfant, pala m'a transmis son savoir ; puis, ce fut mon oncle. Je me souviens surtout des propos tenus par l'ermite dans sa grotte, quelque part du côté de Deki Rabdam : « Surmonter l'auto-chérissement renforce la tendance à chérir son prochain, car les deux s'opposent naturellement : l'auto-chérissement est la source de tout acte négatif ; le chérissement d'autrui forme la base des relations humaines. Quand le premier a été éliminé, le deuxième rencontre peu d'obstacles et se développe. On l'admet facilement en théorie. Dans les faits, la pensée de chérir les autres survient assez rarement, et il n'y a donc guère d'occasion d'y familiariser son esprit. Cette dernière remarque est importante, car même une personne très avancée dans la pratique n'éprouvera pas spontanément un sentiment d'amour envers tous les êtres vivants. Cela peut être accompli par la méditation. Une méditation soutenue dans l'esprit du chérissement altruiste parvient à rendre l'objet de méditation extrêmement proche. Par exemple, s'il n'est pas facile de changer une relation de suspicion et d'inimitié en un rapport confiant et amical, on peut cependant y réussir en se familiarisant avec l'autre personne, par des pensées chaleureuses et cordiales. On peut ainsi devenir tellement lié à l'autre, dont la présence nous causait auparavant tant d'appréhension et d'embarras, qu'on peut le regretter s'il part à l'autre bout du monde… L'auto-chérissement nous pousse à lutter pour notre propre bonheur et notre bien-être jaloux ; le chérissement des autres nous inspire la volonté de lutter pour le bien et le succès de tous. D'ordinaire, l'instinct primaire l'emporte. Les deux engendrent cependant le même appétit de bonheur et de bien-être, le même désir d'éloigner la souffrance. » En poussant ma réflexion encore plus loin, j'étais convaincu qu'il m'était impossible de haïr mes tortionnaires. Demain, Chinois et Tibétains continueront à vivre ensemble ; demain, ils seront sans doute amis. Et ceux de mes compatriotes qui ont choisi de trahir leur chef spirituel et temporel reviendront dans le droit chemin. Il faudra du temps pour oublier. Qu'importe ! car il s'agit avant tout de développer le pardon, la compassion et l'amour. Demain, Chinois et Tibétains auront besoin d'assimiler toutes ces notions pour ne plus jamais avoir à connaître les horreurs de l'occupation, la tragédie des laogai et des prisons-usines ou des prisons-fermes, les assassinats, les avortements forcés et les stérilisations, les populations déplacées, les sols contaminés, les terres épuisées, la disparition de toute une nation et l'interdiction de pratiquer notre langue et notre religion, et puis les enlèvements comme celui de Panchen Rinpoche.

Je suis aujourd'hui arrivé au terme de cette vie. L'heure est venue de penser non à mes actions passées, mais à ma vie future. L'ai-je préparée comme il se devait ? Je me suis souvent posé la question : « Qu'ai-je fait de toutes ces années ? » J'ai assassiné mon père pour atténuer ses souffrances, tué des ennemis pour sauver mon pays, j'ai connu l'enfermement, les laogai, les camps de travail, j'ai menti pour survivre, j'ai surmonté toutes ces épreuves pour témoigner, pour que l'Occident connaisse nos souffrances et pour que vive Guendun Chökyi Nyima, le onzième Panchen-Lama désigné par le Dalaï-Lama. Je suis parvenu au terme de la mission que je m'étais donnée : écrire mon histoire pour Guendun, l'enfant oublié du Tibet, dont le sort dépend de tous.

Panchen Rinpoche est âgé de dix ans. Il a été enlevé avec toute sa famille il y a plus de cinq ans déjà. Il est le plus jeune prisonnier politique du monde. Et à son propos, je n'ai qu'une question, terrible, car de la réponse qu'on y donne dépend la survie du Tibet, de notre civilisation, de notre culture. Le silence des nations m'indispose. Pourquoi abandonne-t-on cet enfant à son triste sort ?

Je n'ai pas fait ce récit pour accuser les États qui ont le plus souvent soutenu notre gouvernement en exil et notre chef spirituel et temporel, le quatorzième Dalaï-Lama. Je m'interroge simplement : n'y a-t-il pas, dans ce soutien, une part de lâcheté ? Là encore, je ne peux me permettre de juger. Cependant, si c'était le cas, laissez-moi en ressentir de la honte.

J'ai toujours veillé à ne pas m'endurcir face aux événements tragiques auxquels tout mon peuple a été confronté. À ce propos encore une histoire. Elle se passe à Dharamsala, dans une nonnerie. Je rends souvent visite à mon amie Kelsang qui passe ses journées à égrener son mala pour invoquer les divinités protectrices. Dans le dortoir, une quinzaine de lits, des jeunes nonnes dont la plupart n'ont pas encore vingt-cinq ans. Toutes ont été suppliciées, torturées, violées par les Chinois. Kelsang qui doit avoir mon âge, occupe une petite place au centre.

Près d'elle, une nonne, d'apparence paisible. Seul, son regard, vide de toute expression, témoigne des atrocités endurées.

Ce jour-là, j'ai évoqué avec Kelsang le dixième Panchen-Lama, sa famille, son village, dont elle était originaire, et bien sûr Guendun Rinpoche. Nous partagions le thé avec cinq autres jeunes religieuses qui écoutaient le récit de leur aînée. Soudain, la voisine de Kelsang s'anima.

— Panchen Rinpoche ! Panchen Rinpoche !

Les mots se bousculaient. Elle hurlait sa douleur.

— Panchen Rinpoche !

Elle se propulsa hors de son lit, sur lequel elle était assise en lotus, jeta son bol de thé, et se précipita contre le mur. Elle cognait sa tête jusqu'au sang en criant :

— Panchen Rinpoche ! Panchen Rinpoche !

J'appris alors qu'elle venait d'un petit monastère des environs de Shigatse. Toutes ses compagnes avaient été massacrées après des sévices innommables. Elle avait fait la morte, évitant peut-être la délivrance.

Nous fûmes six à la maîtriser, à l'allonger sur sa couche. Elle se débattait et criait toujours.

— Panchen Rinpoche !

C'était le seul nom qu'elle savait encore prononcer avec le mantra *Om Mani Pémé Hum*.

J'ai quitté Dharamsala après une dernière audience avec Sa Sainteté le Dalaï-Lama. Il m'a fallu six mois pour rejoindre Shigatse. Je vis dans une grotte, à quelques kilomètres de Deki Rabdam et de Tashilhunpo et j'attends la mort sans impatience.

Mon cœur a beaucoup vieilli, et je sens la lassitude me gagner. Tout au long de ma vie, je me suis attaché à respecter, autant que faire se peut, la vérité, la justice, la compassion et la tolérance. Aujourd'hui, j'ai pardonné à ceux qui m'ont fait souffrir.

Lorsque j'étais en Arizona, mon ami indien m'avait remis une prière. Elle était de Theodore Roosevelt. Je vous l'offre avant de quitter ce monde pour une autre vie.

Prière pour la Liberté

Dieu des hommes libres, nous engageons nos cœurs et nos vies, aujourd'hui, pour la cause de toute l'humanité libre. Accorde-nous la victoire sur les tyrans qui voudraient rendre esclaves les hommes libres de toutes les nations. Donne-nous la foi et la compréhension pour aimer tous ceux qui combattent pour la liberté comme s'ils étaient nos frères, donne-nous la fraternité dans l'espérance et dans l'union, non seulement pour le temps de cette triste guerre, mais pour tous les jours à venir qui uniront et doivent unir tous les fils de la Terre.

Notre Terre n'est qu'une toute petite étoile dans le grand univers mais, si nous le voulons, nous pouvons en faire une planète qui ne soit pas torturée par la guerre, qui ne soit pas tourmentée par la faim ou par la peur, qui ne soit pas divisée par des distinctions insensées de races, de couleurs ou d'idéologies.

Accorde-nous le courage et la prévoyance de commencer aujourd'hui cette œuvre, afin que nos fils et les fils de nos fils puissent être fiers du nom d'homme.

L'esprit humain s'est réveillé et l'âme de l'homme

est ressuscitée. Accorde-nous la sagesse et la clairvoyance de comprendre la grandeur de l'esprit humain qui souffre et supporte de si grands maux pour une destinée qui le dépasse infiniment.

Honore-nous pour nos morts qui sont tombés dans la foi, pour nos vivants qui travaillent et accomplissent des efforts pour la foi, la rédemption et la sécurité de tous les pays et des peuples en captivité. Accorde-nous la patience envers ceux qui sont trompés et la pitié envers ceux qui sont trahis, et donne-nous l'intelligence et le cœur qui ont purifié le monde de l'oppression et qui ont détruit cette vieille théorie selon laquelle le plus fort peut dévorer le plus faible, pour la seule raison qu'il est le plus fort.

Mais, surtout, donne-nous la fraternité, non seulement en ces jours, mais pour toutes les années qui nous restent : une fraternité qui ne soit pas faite de mots, mais d'actes et d'œuvres.

Nous sommes tous fils de la Terre : accorde-nous d'avoir cette simple notion. Si nos frères sont opprimés, nous aussi sommes opprimés. S'ils ont faim, nous avons faim. Si leur liberté est détruite, notre liberté n'est pas sûre.

Accorde-nous la foi commune qu'il sera possible pour l'humanité d'avoir le pain et la paix, qu'elle connaîtra la justice et l'équité, la liberté et la sécurité, une chance égale pour chacun et une possibilité égale de faire de son mieux, non seulement dans nos pays, mais dans le monde entier.

Forts de cette foi, marchons vers le monde plus pur que nos mains peuvent construire.

Theodore Roosevelt
(1858-1919)

ANNEXES

Carte du Tibet

Bodhisattva : être qui a pleinement développé l'esprit d'éveil.

Chörten : monument religieux contenant souvent des reliques.

Dalaï-Lama : *Dalaï* est un mot mongol signifiant *océan* et *Lama* un équivalent tibétain du terme indien *guru* qui désigne un maître spirituel. Accolés l'un à l'autre, les deux termes sont souvent traduits par « Océan de sagesse ». Mais Dalaï-Lama est avant tout un titre. Celui de chef spirituel du Tibet, figure religieuse la plus éminente connue du monde bouddhiste, et de chef temporel du Tibet, chef du gouvernement. Le Dalaï-Lama est considéré comme une des manifestations humaines de Chenrezig, bodhisattva de la compassion. Le premier titre a été conféré à Sonam Gyatso (1543-1588) par le chef mongol Altan Khan en 1578.

Dharma : ce mot sanskrit a de nombreuses significations. Ici, il est à prendre dans le sens de l'Enseignement du Bouddha.

Écoles bouddhistes : le bouddhisme tibétain est de tradition Mahâyana (Grand Véhicule), qui se diffusa au Tibet sous la forme de quatre écoles : Kagyu, Nyingma, Sakya et Gelug.

Gelugpa : une des quatre écoles bouddhistes dont est issue la lignée des Dalaï-Lama et des Panchen-Lama.

Jokhang : temple principal de la capitale tibétaine, Lhasa. Le temple le plus vénéré par les bouddhistes tibétains, fondé selon la tradition au VIIe siècle.

Kangyur : recueil des paroles du Bouddha.

Karma : notion importante du bouddhisme. Étymologiquement karma signifie action. La loi du karma fait référence aux lois qui régissent les actes et les résultats qu'ils entraînent.

Kashag : conseil des ministres, composé de trois laïcs (les kalön) et d'un religieux (le kalön lama), lorsque le Tibet était indépendant. Aujourd'hui, le kashag, reconstitué en exil, est composé de sept ministres.

Khata : écharpe blanche, généralement en soie, offerte en guise de fleurs chez les Tibétains.

Lama : maître bouddhiste tibétain.

Mala : rosaire qui sert à compter les mantra. Équivaut au chapelet ; il aide à maintenir la continuité de l'attention.

Mandala : représentation symbolique du monde, du cosmos, du palais d'une divinité ou d'un paradis. Existe en peinture, en sable coloré ou en trois dimensions, et constitue un support de méditation.

Manjushri : en chinois, *wenshu*. Les empereurs étaient considérés comme l'émanation de ce bodhisattva de la connaissance.

Mantra : formule rituelle, employée dans l'hindouisme comme dans le bouddhisme comme support de méditation. *Om Mani Pémé Hum* est le mantra le plus célèbre du Tibet : c'est celui de Chenrezig, le bodhisattva de la Compassion considéré comme le protecteur du pays.

Mönlam : rituels collectifs de bons vœux effectués au moment du nouvel an.

Mönlam Chenmo : textuellement, la « Grande Prière ». Instituée par Tsongkhapa en 1409, cette fête religieuse célébrée dans les quinze premiers jours suivant le nouvel an tibétain rassemblait à Lhasa jusqu'à cinquante mille personnes. Des rassemblements avaient également lieu à Shigatsé et dans d'autres grandes villes du Tibet.

Régent : il dirige le pays en l'absence du Dalaï-Lama ou durant sa minorité. L'institution a été créée au XVIIe siècle par le cinquième Dalaï-Lama.

Rinpoche : terme honorifique désignant un maître spirituel qualifié et réalisé.

Samsara : cycle des existences.

Stupa : mot sanskrit désignant un *chörten**.

Sutra : textes contenant les enseignements originels du Bouddha. Ils peuvent prendre la forme d'un dialogue entre le Bouddha et ses disciples, autour d'un thème particulier.

Tantra : enseignements et écrits qui établissent le fondement du bouddhisme Vajrayana.

Tengyur : ensemble de textes du rituel bouddhique.

Thanka : au Tibet, peinture fondée sur l'art religieux indien de l'époque de la dynastie pala. Dans la continuité des enseignements religieux bouddhistes indiens, les Tibétains ont suivi scrupuleusement les instructions des artistes bouddhistes népalais. C'est au VIIe siècle, dans le Tibet central, que se développe, sous le règne du roi Songtsen Gampo, la peinture de thanka.

Tsongkhapa : grand maître de la tradition, fondateur de l'école gelugpa.

Vajra : terme sanscrit signifiant « l'éclair », ou *dorje* en tibétain. À l'origine attribut du dieu hindou Indra, ce symbole est devenu incontournable dans le bouddhisme tibétain. Le *dorje* représente la stabilité de la méthode permettant de parvenir à la sagesse et la qualité indestructible de l'enseignement.

Dans les années dragon-fer (1400), un grand érudit, Guendun Drup (1391-1474), disciple de Tsongkhapa et premier de la lignée des Dalaï-Lama, vivait à Shigatse, capitale de notre région, le Tsang, dont la citadelle, *dzong*[1], avait été construite sur un éperon rocheux. Pour préserver les terres cultivables, nos villages étaient, sauf de rares exceptions toujours situés ainsi. Guendun Drup aimait faire de longues promenades jusqu'au sommet de la colline – appelée Dolmari[2] –, d'où il avait une vue imprenable sur la plaine et ses environs. C'est donc à ses pieds, qu'il décida de faire construire le monastère de Tashilhunpo, dont les travaux furent achevés en l'an lièvre-feu (1447). Le monastère se développa au point qu'il devint l'un des six plus importants du Tibet[3], et qu'il compta à son apogée jusqu'à quatre mille sept cents moines.

Longtemps après, en l'an mouton-eau (1583), un garçon entra comme novice à Tashilhunpo, il avait alors treize ans ; ordonné l'année de ses vingt et un ans, Lobsang Chökyi Gyaltsen se fit rapidement remarquer pour son érudition ; rien d'étonnant dès lors à ce qu'il devînt abbé du monastère. Cela se

1. Aujourd'hui, du dzong rasé par les occupants chinois, il ne reste que des murs en ruine n'excédant pas deux à trois mètres de hauteur, et la majeure partie de Tashilhunpo a été détruite.

2. *Dolma* est le nom tibétain de Tara, *ri* signifie montagne.

3. Les principaux monastères sont Sera, Ganden, Drepung, Labrang, Tashi Kyil et Kumbum Jampaling.

passa en l'an souris-fer (1600), une date essentielle pour l'histoire du Tibet.

S'il est vrai que les moines reconnaissaient en lui un homme de sagesse, ils lui trouvaient également un talent certain : le maître peignait de magnifiques tableaux en satin brodés, des tapisseries, il passait des heures à dorer finement les statuettes en bronze et en terre cuite représentant les divinités du bouddhisme tibétain. Homme de lettres autant que peintre, il écrivit plusieurs volumes sur les *tantra*[1] et les *sutra*[2]. L'abbé prodigua ses enseignements au quatrième Dalaï-Lama, seul non tibétain de la lignée. Mais celui-ci mourut à l'âge de vingt-huit ans, en l'an serpent-feu (1617), l'année même où naquit un enfant qui allait définitivement établir le pouvoir spirituel et temporel du Tibet. À ses côtés, l'homme qui allait jouer un rôle déterminant était justement Lobsang Chökyi Gyaltsen. Le maître de Tashilhunpo présiderait non seulement à l'ordination du jeune moine et lui donnerait son nom définitif – Ngawang Lobsang Gyatso – en 1625, mais il serait également présent lorsqu'il recevrait sa pleine ordination au Jokhang, le temple principal de Lhasa (1638).

Le jeune souverain se révéla brillant, conscient de son rôle et de ses responsabilités à l'égard des Tibétains. Il décida de quitter le monastère de Drepung où siégeait alors le gouvernement. Il fit construire, à

1. Les tantra sont les enseignements et les écrits qui établissent le fondement du bouddhisme vajrayana.

2. Les sutra sont les textes contenant les enseignements originels du Bouddha. Il peuvent prendre la forme d'un dialogue entre le Bouddha et ses disciples autour d'un thème particulier.

Lhasa, la partie centrale d'un édifice[1] qui rayonnerait, des siècles plus tard, sur le monde entier. Le Grand Cinquième – c'est ainsi que fut surnommé Ngawang Lobsang Gyatso – consacra sa vie à organiser la hiérarchie spirituelle et temporelle de notre pays. Il fut aidé dans la majorité de ses tâches par l'abbé de Tashilhunpo, et une réelle amitié finit par lier les deux hommes. Comme tous deux étaient de profonds mystiques, le Grand Cinquième considérait Lobsang Chökyi Gyaltsen comme son maître et tuteur, une signification lourde de conséquences.

Des érudits racontent que des textes cachés lors de la première diffusion du bouddhisme auraient révélé à notre souverain que son ami, tuteur et maître, était en réalité la manifestion d'Amithaba[2], le Bouddha de la Lumière infinie, et qu'une de ses réincarnations antérieures avait été un disciple de Tsongkhapa. Sur ce constat et en hommage aux qualités d'un homme exceptionnel, le cinquième Dalaï-Lama lui attribua le titre de Panchen-Lama[3].

---

1. Il s'agit de la partie dite « blanche » du Potala, la résidence d'hiver des Dalaï-Lama. la partie dite « rouge » sera ajoutée en 1690 à la demande du régent Sangyé Gyatso (1653-1705). Le cinquième Dalaï-Lama était déjà mort (en 1682) lorsque les travaux furent achevés. Le Potala devait abriter le tombeau des souverains décédés, les structures gouvernementales et le collège Namgyal – fondé en 1574 par le troisième Dalaï-Lama – destiné à la formation des moines. Ce collège existe aussi aujourd'hui à Dharamsala, siège du gouvernement du Tibet en exil, et résidence actuelle du quatorzième Dalaï-Lama.

2. Amithaba connaît une popularité extraordinaire au Tibet bien sûr, mais également dans les autres régions himalayennes ; il en est de même en Chine et au Japon. Bouddha Primordial dans la famille du Lotus ou Padma, il est de la famille de Bouddha à laquelle appartiennent tous les êtres humains.

3. Lobsang Chökyi Gyaltsen devint le quatrième Panchen-Lama.

Panchen est tiré des premières syllabes du mot sanscrit, *pandita* qui signifie « érudit », et de l'adjectif tibétain *chenpo*, qui veut dire « grand ». Voilà donc notre beau pays fort de deux hiérarques issus de la lignée *gelugpa*[1], l'un considéré comme devant jouer un rôle plus spirituel, le Panchen-Lama ; l'autre étant chargé à la fois du spirituel et du temporel, le Dalaï-Lama. La réalité fut trop souvent autre, les événements amenant les puisssances étrangères, voire des Tibétains, à en faire des adversaires.

Toujours est-il que, du fait des renaissances successives, le Dalaï-Lama est tantôt le tuteur et maître du nouveau Panchen-Lama tantôt son disciple. S'il est vivant, il convient au Dalaï-Lama de diriger les recherches de la réincarnation du Panchen Rinpoche décédé, et vice versa. Si tous deux ne sont plus de ce monde, il appartient alors au régent de mener les investigations et de désigner la nouvelle réincarnation de l'un comme de l'autre.

Du fait de ses réincarnations antérieures, le disciple de Tsongkapa devint le premier Panchen-Lama (voir liste).

1. De même que la vaste superficie de l'Inde a favorisé le développement d'universités bouddhistes dont le style différait quelque peu, le Tibet compte quatre lignées ou écoles, dont les gelugpa (voir glossaire).

Les chemins de l'exil :
XIIIe Dalaï-Lama et IXe Panchen-Lama

En l'an dragon-bois (1904), sorti brutalement d'une retraite spirituelle commencée quelques semaines auparavant, Thubten Gyatso quitta précipitamment Lhasa pour le nord du pays, alors que les troupes britanniques s'emparaient de la capitale. Cette fuite et l'occupation qui s'en suivit éveillèrent évidemment les convoitises des autorités mandchoues. L'absence de notre souverain[1] dura cinq ans. Alors qu'il était seulement âgé de trente-quatre ans, le Dalaï-Lama fut confronté, dès son retour en l'an oiseau-terre (1909), à leur décision d'annexer le territoire tibétain. Les ambans d'alors étaient des mandarins investis de tous les pouvoirs, s'octroyant ceux qu'ils ne possédaient pas encore, tandis que les seigneurs de la guerre pillaient les villes, les hameaux, les monastères, tuaient, massacraient, violaient les femmes, empalaient les enfants, et bien sûr, au passage, s'enrichissaient considérablement.

Des révoltes sporadiques éclataient, mais une majeure partie du pays était déjà à feu et à sang. Des monastères se soulevaient régulièrement. Aux

1. Le treizième Dalaï-Lama se réfugia ensuite en Mongolie puis en Chine. En 1904, une convention signée par les Britanniques (Younghusband), l'amban de service (You Tai), le régent (Lobsang Gyaltsen nommé par le souverain tibétain au moment de son départ) et le Kashag libérait l'État tibétain de toute tutelle chinoise, annulant ainsi les précédents accords établis en 1890 et 1893 (*Histoire du Tibet*, Laurent Deshayes, p. 235).

moines s'était jointe la population civile, mais le courage ne suffisait pas pour s'opposer à des hommes aussi sanguinaires que le gouverneur Zhao Erfeng, surnommé le « boucher des lama »[1], son compagnon d'armes Fu Hao Fong ou l'amban Lian Yu. Les troupes impériales, assistées par quelques Tibétains promandchous et soutenues par les brigands des environs, rasaient tout sur leur passage. Nul ne pouvait les arrêter.

Des informations de plus en plus alarmantes parvenaient à Lhasa : deux mille hommes dirigés par le général Zhong Yin marchaient sur notre capitale. Des rumeurs circulaient sur un possible renversement du Dalaï-Lama. Les puissances voisines s'en inquiétaient et l'Empire cherchait à gagner du temps, faisant savoir que, suite aux accords de Calcutta signés entre Londres et Pékin en 1908, il était de son devoir d'assurer la sécurité des routes marchandes entre les comptoirs britanniques au Tibet et les Indes. Personne n'était dupe. En fait, dans la capitale mandchoue, les autorités craignaient qu'à l'exemple du Bhoutan et du Sikkim, le Tibet ne devînt un protectorat britannique.

Une fois encore, Kundun allait devoir prendre le chemin de l'exil ; mais cette fois, il se réfugia aux Indes, à Darjeeling où il installa son gouvernement. L'empire mandchou, désormais maître du pays, destitua pour la seconde fois en six ans[2] le

---

1. Le soulèvement touchait surtout le Kham oriental ; la population de Bathang, Lithang, Chamdo était particulièrement frappée et les morts se comptaient par milliers parmi les moines et les civils.

2. Le treizième Dalaï Lama quitta Lhasa dans la nuit du 12 février 1910 ; sa destitution fut décidée par un décret du 25 février. Mais c'est le 21 août 1904 que, pour la première fois, un amban avait

treizième Dalaï-Lama qu'il jugeait instable et faux, lui retira cette fois son statut de réincarnation, démit le régent[1] de ses fonctions, et installa au gouvernement des Tibétains corrompus et convertis aux conceptions annexionnistes de Pékin. Ceux-ci avaient tourné, sans doute un peu trop facilement, une page essentielle de notre histoire.

À cette époque, le neuvième Panchen-Lama était, tout comme notre souverain, l'otage d'enjeux politiques considérables. Autant que je m'en souvienne, nous, habitants du Tsang, portons dans notre cœur d'atroces souffrances, mais les Tibétains, dans leur majeure partie, traînent également un terrible fardeau. Voici pourquoi...

Les menaces liées au vide politique laissé par notre souverain pesaient lourdement sur la vie politique tibétaine. Trop nombreux étaient les aristocrates, les fonctionnaires et les moines corrompus qui avaient pris fait et cause pour l'envahisseur ou pour l'empire britannique dans le seul dessein de briser l'autorité du Dalaï-Lama, en collaborant tantôt avec les uns tantôt avec les autres, poussant à sa destitution et en appelant à son remplacement par le Panchen-Lama. Par chance, notre souverain avait acquis une telle stature qu'elle lui permettait de réagir avec froideur et avec discernement aux événements les plus graves, les plus humiliants aussi. Les deux autorités

---

demandé la destitution du Dalaï-Lama et son remplacement par le Panchen-Lama.

1. Le kalön (ministre) lama Lobsang Trinlé, désigné par le Dalaï-Lama juste avant son départ en exil.

spirituelles du Tibet vivaient depuis leur plus jeune âge sous la pression permanente de leur entourage. Elles s'étaient rarement rencontrées, mais une réelle amitié les unissait. Mon père se rappelait fort bien la dernière visite que fit l'abbé de Tashilhunpo à Kundun : c'était en l'an tigre-eau (1902). Les deux hommes avaient passé de très longues heures à converser ; comme la nuit avançait, on racontait à Lhasa que Thubten Gyatso avait raccompagné son hôte jusqu'à l'entrée principale de la cité.

Huit ans s'étaient écoulés depuis cette date. Même si elles restaient empreintes d'un respect mutuel, leurs relations s'étaient sensiblement détériorées, et pour cause. Plus de dix mille soldats de l'Empire mandchou stationnaient au Tibet. Les ambans avaient convié Panchen Rinpoche à Lhasa. Son proche entourage le poussa à effectuer ce voyage. Dans la capitale, Chökyi Nyima passa de longs moments de prières dans le Jokhang. Rien de plus normal jusqu'ici. Seulement, il commit une erreur impardonnable pour nous, Tibétains : il accepta d'emménager au Norbulingka, la résidence d'été du Dalaï-Lama. Les ambans, notamment Lien Yu qui était détesté de tous, faisaient en sorte de fraterniser avec le maître de Tashilhunpo. On les vit ensemble à des représentations d'opéra tibétain. Une partie de la population n'était pas dupe de ce manège, consciente que Panchen Rinpoche était une proie facile entre les mains des mandarins. Sa trop grande naïveté, sa totale méconnaissance des subtilités politiques en faisaient une victime toute désignée.

Alors que la capitale fêtait le nouvel an (1911), la colère de la population devint de plus en plus palpable. Chaque jour, les *Lhasapa* – habitants de

Lhasa – se massaient dans les rues de la cité empruntées par le cortège officiel pour crier leur hostilité, allant jusqu'à lancer de la boue et des cailloux sur les palanquins des ambans et du Panchen-Lama. Les Mandchous durent se rendre à l'évidence : jamais ils ne réussiraient à renverser le Dalaï-Lama et à le remplacer par le Panchen-Lama. Ils adoptèrent alors une tout autre stratégie : notre souverain serait autorisé à revenir sain et sauf à Lhasa, mais de son palais du Potala, il ne pourrait cependant pas recouvrer les prérogatives politiques qui étaient les siennes depuis le règne du cinquième Dalaï-Lama. Une proposition inacceptable pour Thubten Gyatso, d'autant plus que le temps jouait en sa faveur.

Après avoir informé le treizième Dalaï-Lama de l'attitude des occupants à son égard, Chökyi Nyima s'en retourna donc à Tashilhunpo, aussitôt reçue la réponse du souverain.

Pendant ce temps, Kundun avait mis à profit son exil à Darjeeling pour analyser les circonstances qui avaient provoqué à deux reprises l'occupation de notre pays. Ses conceptions politiques avaient évolué. Il étudiait la géographie, et chaque jour on lui traduisait les principaux articles de la presse écrite. Grâce à la présence à ses côtés de Charles Bell – l'officier britannique chargé des relations entre pays himalayens, en charge de Sa Sainteté durant sa présence aux Indes –, il développa ses connaissances de la politique internationale. Convaincu de la nécessité de sortir notre nation de son isolement passé, Kundun[1] avait acquis une vision différente du Tibet et de son avenir. Pendant qu'il entretenait la résistance à l'intérieur du pays, il décidait, conscient des changements que l'arrivée des Russes et des Britanniques avait provoqués dans l'équilibre régional, d'utiliser la Grande-Bretagne et l'Inde comme médiateurs ou comme soutiens contre la Chine. Quelques années plus tard, dans son testament politique, Sa Sainteté fit le constat suivant : « Le gouvernement des Indes est proche de nous et son armée est grande, le gouvernement de la Chine a aussi une grande armée. Nous devons donc conserver une amitié solide avec les deux. »

L'histoire s'accéléra soudain. En l'an cochon-fer (octobre 1911), la révolution frappa de plein fouet l'empire mandchou, provoquant, le 12 février de l'année suivante (souris-eau), l'abdication de l'empereur Puyi qui n'était encore qu'un enfant, et l'arrivée au pouvoir des nationalistes. Le 15 février, le général Yan Shikai était provisoirement nommé à la présidence de la République de Chine ; mais le pays cédait de plus en plus sous les soubresauts de révoltes sanglantes menées par des seigneurs de

1. Dès la fin du XIXe siècle, le Dalaï-Lama a dû faire face à l'apparition de nouvelles puissances venues fragiliser le déjà précaire équilibre sino-tibétain. Le Tibet cessait d'être un État tampon. Les Empires russe et britannique y exerçaient leur influence, d'autant que le premier se déployait vers l'est : à peine la première guerre anglo-afghane (1838-1842) était-elle achevée, que les Russes occupent successivement Tachkent en 1865, Samarkand en 1868, Boukhara en 1869, Khiva en 1873, Khokand en 1876. Après la seconde guerre anglo-afghane (1878-1880), ils s'emparent du Turkménistan en 1881, de Merv en 1884 et du Pamir en 1895, stratégie expansionniste vers l'Asie qui devait se poursuivre après la révolution de 1917 et l'arrivée des communistes au pouvoir.

guerre avides de pouvoir et d'indépendance. Les provinces se soulevaient les unes après les autres. Dans le Sichuan, la situation était désormais intenable. Les garnisons mandchoues étaient exterminées. Zhao Erfeng, le bras armé de l'Empire dans l'est tibétain, fut décapité. La république de Chine proclamée, le 7 mars 1912, à Lhasa, dans un désordre indescriptible, ce ne fut pas pour autant que le nouveau gouvernement de Pékin entendît changer d'attitude à l'égard du Tibet : ses objectifs annexionnistes ne variaient guère.

Il était urgent de revenir au pays. Kundun et son gouvernement quittèrent Darjeeling au mois de juin. Partout, les combats faisaient rage. Nos partisans – moines et civils – s'opposaient aux troupes du général Zhong, l'officier supérieur chargé des Affaires du Tibet, soutenues par les hommes restés fidèles à Yin Changhen, qui s'était autoproclamé gouverneur militaire du Sichuan. Il y eut des dizaines de milliers de morts parmi nos compatriotes, victimes des pires cruautés. En certains endroits, comme par exemple à Dartsedo[1], des Chinois s'adonnaient au cannibalisme.

À Lhasa, la population assistait à la déroute des Chinois, mais aussi aux règlements de compte entre les monastères. Il y avait ceux qui, comme Ganden et Séra, soutenaient notre souverain ; et d'autres, comme le collège Loseling de Drepung, qui

---

1. Son nom chinois : Tatsienlou, à 2 590 mètres d'altitude (extrême limite du Kham), à environ quatre cents kilomètres de Chengdu. Le quatorzième Dalaï-Lama s'y est arrêté en 1954, lors de son voyage en Chine. Connue pour sa source d'eau chaude sulfureuse, située, à huit kilomètres de là, le long de la rivière Yakra Chu.

apportaient leur soutien à l'ennemi. L'épuration aurait lieu, plus tard, mais que de souffrances nous endurions.

À cette époque, beaucoup reprochaient au Panchen-Lama son attitude des plus équivoque lors des deux exils du Dalaï-Lama. La situation était fort tendue dans notre région du Tsang. À Tashilhunpo, l'ambiance n'était guère à l'euphorie ; une rumeur persistante circulait dans le monastère sur de probables persécutions. Panchen Rinpoche s'inquiétait de cette situation. Dans un message au souverain tibétain, il proposa de le rencontrer et pourquoi pas de lui servir d'intermédiaire avec les nationalistes.

En l'an souris-eau (avril 1912), près de trois mille soldats chinois déposèrent les armes et, accompagnés des fonctionnaires et de certains officiels, quittèrent notre capitale, un départ dans la plus grande précipitation sous contrôle de la représentation népalaise à Lhasa, car les Lhasapas les pourchassaient de leur vindicte. Beaucoup se perdirent dans la montagne et furent dévorés par les animaux sauvages ; d'autres moururent de froid et de faim ; quelques-uns réussirent cependant à se sauver.

Quelques mois plus tard, en plein cœur des cérémonies de la Mönlam Chenmo, notre souverain proclamait l'indépendance du Tibet, en réaffirmant sa souveraineté sur l'ensemble du territoire. Cette fois, la relation de chöyön « religieux-protecteur » était brisée, malgré deux ou trois tentatives du président Yuan Shikai de saborder la toute nouvelle autorité du Dalaï-Lama. Cette volonté de Thubten Gyatso de vouloir lutter contre la corruption, réformer les lois et mieux contrôler les monastères, n'était pas pour plaire à tout le monde.

À cette époque, Kundun était fermement décidé à moderniser le pays. Conscient aussi de la nécessité de défendre une indépendance acquise dans le sang et les souffrances, Sa Sainteté souhaitait d'une part renforcer l'armée, d'autre part la moderniser, notamment en envoyant de jeunes officiers en Inde pour y suivre une formation militaire appropriée. Pour ce faire, il fallait des hommes et de l'argent. Seulement, la guerre de 1912 avait vidé les caisses de l'État. Deux solutions se présentaient au Kashag : relever les droits sur le sel et sur les peaux, taxer l'échange des marchandises à la frontière tibéto-indienne – mais pour cela il fallait l'accord de Calcutta[1] – ou alors instaurer de nouveaux impôts. Le mécontentement se généralisa d'autant que des rumeurs persistantes circulaient dans la capitale sur l'enrôlement de force de moines dans l'armée. En fait, Kundun envisageait de recruter un homme dans chaque famille tibétaine, y compris dans l'aristocratie, d'acheter un armement adapté aux régiments et d'établir des camps d'entraînement[2] dans les environs de Lhasa.

Sa Sainteté n'entendait pas s'arrêter là. Durant ses longues années d'exil, le treizième Dalaï-Lama avait perçu combien le Tibet avait besoin de s'ouvrir au monde extérieur. Jugeant vitale l'évolution du pays

1. Une négociation qui aboutirait seulement en l'an serpent-terre (1929).

2. L'armée officielle ne disposait que de quelque trois mille hommes ; mille soldats supplémentaires devaient être enrôlés ; les meilleurs s'entraîneraient avec les troupes de Sa Majesté.

en la matière, il ordonna l'envoi d'étudiants issus de la noblesse en Russie et en Grande-Bretagne, avec pour mission principale d'étudier les techniques modernes, les sciences, l'électricité, la géologie, l'exploitation des sols et la géographie...

La modernisation de notre pays était effectivement en marche. Des Tibétains eurent l'immense joie de voir les premières machines à imprimer les billets. Jusqu'alors, nous utilisions les pièces mandchoues, la très ancienne monnaie népalaise ou encore les roupies anglo-indiennes et les roubles. Le gouvernement se mit à émettre des sang [1], que nous fabriquions un à un et à la main, et des pièces, *tamka*, qui devaient rester en usage jusqu'à l'invasion communiste. Nous vîmes également apparaître des timbres [2] que nos anciens produisaient par séries de douze, un peu plus tard une petite centrale hydro-électrique, et les premiers passeports.

Habité également par le souhait de faire reconnaître le pays par les institutions internationales, Kundun se heurta alors à l'administration, à la noblesse et aux monastères qui craignaient de perdre leurs énormes privilèges. En ralentissant l'action du treizième Dalaï-Lama, nous commîmes une très grave erreur. L'indépendance du Tibet ne faisant aucun doute à nos yeux et surtout ne pouvant

1. À partir de blocs de bois (xylographes). Cette monnaie est imprimée dès 1912 sur du papier de fabrication locale, dont les qualités d'impression et de couleur variaient énormément. Il existait déjà des pièces tibétaines datant de la seconde moitié du XIXe siècle.

2. Le Tibet n'ayant pas adhéré à l'Union postale universelle (UPU), ses timbres n'avaient qu'une valeur locale ou frontalière (Sikkim, Népal). Par exemple, pour une lettre adressée aux États-Unis, la poste indienne rajoutait son timbre et son oblitération.

souffrir d'aucune contestation, mes compatriotes ne comprirent pas l'exceptionnelle stature de notre souverain et considéraient comme inutile de désigner des représentants dans les différentes capitales, encore moins d'adhérer à la Société des Nations.

Plus tard, nous apprendrions à nos dépens qu'il était impossible à un pays de vivre dans un isolement total, d'autant plus qu'un ensemble de mesures impopulaires allait être à l'origine d'une page très douloureuse de notre histoire. De retour à Lhasa, le Dalaï-Lama s'était adressé directement au Panchen-Lama – dont le territoire aux districts nombreux s'étendait bien au-delà de Tashilhunpo et de Shigatse –, pour l'inviter à participer à nouveau aux lourdes dépenses de l'État. Se référant à une tradition passée[1], et poussé par son entourage, Thubten Gyatso réclama un quart du coût global de la guerre de l'an souris-eau (1912) qui avait conduit le pays à l'indépendance, un autre quart lié aux guerres tibéto-britanniques des ans souris-terre (1888) et dragon-bois (1904), au total quelque vingt-sept tonnes de céréales.

Dans un premier temps, Panchen Rinpoche s'opposa à la requête de Lhasa, refusant même d'envisager la moindre collaboration. Il finit cependant par régler une partie de ce que l'administration centrale lui demandait. Malheureusement, la suite fut dramatique pour notre province du Tsang. Le gouvernement accentua sa pression sur Tashilhunpo, exigeant par un décret de l'an serpent-feu (1917) le

1. En l'an cochon-fer (1791), lors de la guerre contre le Népal, le monastère de Tashilhunpo avait également dû participer aux dépenses de l'État.

versement d'un septième des levées effectuées par le monastère de Tashilhunpo dans le district de Gyantse et la mise à disposition de corvéables au service de l'État choisis parmi les agriculteurs et les semi-nomades de Shigatse et de ses environs. Cette mesure n'avait jamais été appliquée jusqu'à cette date : affranchis d'une telle tâche, les habitants de la région vivaient sous l'autorité de Panchen Rinpoche. Pis encore, en l'an chien-eau (1922) Lhasa imposa au monastère une taxe annuelle supplémentaire de trente tonnes de céréales et de dix mille pièces d'argent. Un an plus tard[1], la majorité des domaines, dont ceux de notre région, furent frappés par ces mesures. Le Panchen-Lama était évidemment la personne visée en la circonstance : l'entourage du Dalaï-Lama et le Kashag ne pardonnaient décidément rien au neuvième Rinpoche. Il ne lui restait que la fuite.

Durant l'été de 1923, Chökyi Nyima se rendit aux sources chaudes du district de Lhatsé. Se sentant sans cesse épié, il revint cependant à Tashilhunpo. Accompagné de son chambellan et de quelques fonctionnaires, il quitta finalement Shigatse au début de l'hiver (novembre), non sans avoir adressé un message au Dalaï-Lama, dans lequel il expliquait son départ pour éviter tout conflit intérieur. Le convoi, composé d'une centaine de fidèles et de deux cents mules, affronta un froid sibérien en traversant la steppe de Chang Thang. Alors que les tempêtes de neige étaient particulièrement meurtrières, Panchen Rinpoche et ses hommes reçurent finalement l'aide de caravaniers qui parcouraient les plaines du Nord,

1. Décret de l'an cochon-eau (1923).

échappant ainsi aux trois cents cavaliers armés jusqu'aux dents lancés à leur poursuite, avec pour mission de ramener le Panchen-Lama mort ou vif. L'histoire se répétait...

Panchen Rinpoche et son escorte avaient atteint le nord de la Chine en l'an bœuf-bois (1925). Cette nouvelle mit le Kashag dans tous ses états. Des rumeurs se répandaient selon lesquelles le maître de Tashilhunpo s'était acoquiné cette fois avec les nationalistes qui misaient bien évidemment sur une rivalité entre les deux principales hiérarchies spirituelles pour déstabiliser le pouvoir du treizième Dalaï-Lama. À cette époque, la Chine était plongée dans l'anarchie des combats que se livraient les Seigneurs de guerre. L'affaire du Panchen-Lama réveilla les ambitions des gouverneurs du Sichuan et du Qinghai (Amdo), Liu Wenhuei et Ma Bufang. Ils rêvaient maintenant d'annexer les régions tibétaines qui entouraient leur territoire semi-indépendant. S'il est vrai que Chökyi Nyima essayait d'établir des relations stables avec le Kuomintang de Chang Kaï-shek, utilisant d'ailleurs comme intermédiaires des diplomates français, il tentait aussi de renouer avec Thubten Gyatso ; en vain. Les premières lettres échangées n'encourageaient guère à l'optimisme quant au règlement des différends entre le Potala et Tashilhunpo. Dans cette affaire, les Britanniques allaient devenir des médiateurs incontournables. Pendant ce temps, le Tibet s'enfonçait dans les intrigues.

À Tashilhunpo et dans le district de Shigatse, les moines fuyaient pour rejoindre leur chef spirituel. Le père de Chökyi Nyima fut arrêté et jeté dans les geôles. Le monastère était désormais administré par le neveu du Dalaï-Lama qui menaçait de flagellation tout moine qui tentait de quitter le district. Néanmoins les tractations allaient bon train. Les préliminaires à un retour de Panchen Rinpoche à Tashilhunpo commencèrent effectivement au début de l'an dragon-terre (1928). Il fut un moment question de lui accorder un droit d'asile à Kalimpong ou à Darjeeling ; mais les autorités britanniques trouvèrent finalement plus prudent de laisser le Panchen-Lama en Chine, même si elles pouvaient craindre que le nouveau gouvernement de Chang Kaï-shek ne cherchât à imposer un contrôle sévère sur le Tibet.

Pendant ce temps, une grosse dispute entre deux monastères ensanglanta le Kham. Liu Wenhuei en profita pour s'approprier de nouvelles terres. La situation empira rapidement. Les soulèvements se multiplièrent dans les régions de Nangchen, Jyekundo et Chamdo, cette fois contre Ma Bufang. Ces incursions aboutirent cependant à une trêve, signée en l'an singe-eau (1932) et confirmée l'année suivante : le Yangtsé-Kiang était admis comme frontière entre les deux pays ; il le restera jusqu'à l'invasion communiste en l'an bœuf-terre (1949). Cette même année, Panchen Rinpoche fut reçu avec tous les honneurs à Pékin par les anciens seigneurs de guerre ralliés depuis peu à Chang Kaï-shek. Chökyi Nyima dirigea même des cérémonies pour la paix dans le monde. Les Chinois considéraient dorénavant le maître de Tashilhunpo, installé avec ses fidèles à Nankin, comme le *Commissaire pacificateur des provinces de l'Ouest*[1] ; en contrepartie, Panchen Rinpoche percevait une rente confortable. Deux ans plus tard (an chien-bois, 1934), toujours à Pékin, fut évoquée la création d'une province tibétaine réunissant sous l'autorité de Chökyi Nyima le Sichuan occidental (Kham oriental), le Qinghai (Amdo) et la corne du Yunnan (principauté de Djang). Notre région du Tsang devait y être rattachée une fois les Chinois maîtres du haut plateau. Cette année-là (le 1er novembre), une proposition d'accord entre le gouvernement tibétain, dirigé depuis la mort du treizième Dalaï-Lama par le régent Reting Rinpoche, et le Panchen-Lama fut présentée au Kashag. En vain. Peu après, Pékin annonça la création, à Ziling[2], d'une *Commission culturelle spéciale pour les régions de l'Ouest* placée sous l'autorité du Panchen-Lama. Un bureau serait ouvert à Dartsedo (aujourd'hui située dans le Sichuan). Les nationalistes laissèrent également entendre que Chökyi Nyima rentrerait bientôt à Tashilhunpo, escorté d'un officiel et de cinq cents hommes en armes. Le Kashag réagit immédiatement : pas question de laisser les troupes chinoises pénétrer plus avant dans le territoire tibétain.

Alors qu'autour de lui, on se battait, et que le reste du pays était en proie aux pires difficultés et que tous les coups y étaient désormais permis, la santé du neuvième Panchen-Lama se détériora soudain. Il

1. Ce titre lui fut conféré lorsqu'il fut reçu, à Pékin, par les seigneurs de guerre Wu Peifu et Zhang Xuelang.
2. En chinois, Xining, capitale de la province du Qinghai chinois.

mourut à l'entrée de l'hiver de l'an bœuf-fer. Son entourage commença immédiatement un deuil de quarante-neuf jours. Les temples du monastère étaient emplis d'une triste ferveur ; dans les autels scintillaient des centaines de lampes à beurre. Panchen Rinpoche avait quitté sa forme humaine. Ni ses serviteurs, ni ses amis les plus fidèles ne pouvaient le suivre dans la mort. Une certitude, il avait emporté ses bonnes et mauvaises actions, laissant derrière lui un vaste champ de désespoir, de chagrin, et d'interrogations. Dès sa mort, les moines qui l'avaient suivi se divisèrent sur une question : fallait-il ou non retourner à Tashilhunpo ? Les anciens s'opposaient aux jeunes. Les premiers refusaient d'envisager un possible errement en Chine ; les seconds ne voulaient pas d'une allégeance au gouvernement de Lhasa.

La période de deuil à peine achevée, les vieux religieux s'en retournèrent dans le Tsang ; certains n'arrivèrent jamais à Shigatse. Les autres firent appel aux tribus Khampa et mirent rapidement sur pied une troupe, suffisamment armée, et surtout bien décidée à en découdre, si quiconque, chinois ou tibétain, tentait de s'opposer au passage du défunt et de son escorte. Cet étrange convoi prit le chemin de Kantse, la cité non loin de laquelle mon frère Sonam avait succombé aux mains des bourreaux chinois.

Dès lors, la situation ne cessa de se dégrader. Ayant échoué dans leur tentative de renverser le gouvernement de Lhasa, les dissidents de Tashilhunpo avaient étendu leur domination sur de nombreuses régions du Kham. La réaction de la Chine ne se fit guère attendre. Un matin, au lever du soleil, la cité et son monastère se trouvèrent entièrement encerclés par l'armée chinoise. Les combats durèrent et les pertes furent considérables... Des moines arrivèrent cependant à quitter le temple où ils s'étaient réfugiés autour du défunt, évitant les pièges que leur avaient tendus les assaillants. Ils prirent alors la direction de l'ouest, vers le Tsongon ou Kokonor[1], emportant dans la nuit noire le corps du neuvième Panchen-Lama.

---

1. Dans la région du Kokonor (nom mongol) ou Tsongon (nom tibétain), à la limite nord du territoire tibétain, se situe ce lac de près de 4 500 km², dont le périmètre est de 2 200 kilomètres ; situé à 3 200 mètres d'altitude, il est assez peu salé. Les Chinois vident aujourd'hui le lac de ses poissons, pêchant jusqu'à cinq mille tonnes de carpes par an.

Les quatorze Dalaï-Lama

1. Guendun Drup (1391-1475)
2. Gyalwa Guendun Gyatso (1475-1542/1543)
3. Gyalwa Sonam Gyatso (1543-1588)
4. Yönten Gyatso (1589-1617)
5. Ngawang Lobsang Gyatso (1617-1682)
6. Rigdzin Tsangyang Gyatso (1683-1706)
7. Kelsang Gyatso (1708-1757)
8. Jampel Gyatso (1758-1804)
9. Lungtok Gyatso (1806-1815)
10. Tsultrim Gyatso (1816-1837)
11. Khedrup Gyatso (1838-1856)
12. Trinle Gyatso (1856-1875)
13. Thubten Gyatso (1875-1933)
14. Tenzin Gyatso (né le 6 juillet 1935)

Les onze Panchen-Lama

1. Khedrup Gelek Pelsang (1385-1438)

2. Sonam Chöklang (1439-1504)

3. Ensa Lobsang Töndrup (1505-1564)

4. Lobsang Chökyi Gyaltsen, premier porteur du titre (1570-1662)

5. Lobsang Yéshé (1663-1737)

6. Palden Yéshé (1738-1780)

7. Tenpe Nyima (1782-1854)

8. Tenpe Wangchuk (1855-1882)

9. Chökyi Nyima (1883-1937)

10. Chökyi Gyaltsen (1938-1989)

11. Guendun Chökyi Nyima (25 avril 1989)

John F. Avedon, *In Exile from the land of snow*, Wisdom Publication, 1985, London.

Roland Barraux, *Histoire des Dalaï-Lama*, Albin Michel, 1993.

Sir Charles Bell, *Tibet past and present*, Oxford and the Clavenson Press, 1968, London.

Gilbert Collard et Gilles van Grasdorff, *Cent mille éclairs dans la nuit*, Presses de la Renaissance, 1999.

P.A. Donnet, *Tibet, mort ou vif*, Gallimard, 1990, 1992.

Tenzin Gyatso, Dalaï-Lama, *Au loin la liberté*, Fayard, 1990.

Mon pays et mon peuple, Olizane, 1984, Genève.

Palden Gyatso, Laurent Deshayes, *Histoire du Tibet*, Fayard, 1997.

Han Suyin, *Lhasa, the open city*, Triad Panther Books, 1979, London.

Heinrich Harrer, *Seven Years in Tibet*, Granada Publishing Books, 1984, London.

Heinrich Harrer, *Return to Tibet*, Penguin Books Ltd., 1987, England.

Dawa Norbu, *Red Star over Tibet*, Sterling Publishers Ltd, 1987.

Jamyang Norbu, *Warriors of Tibet*, Wisdom Publications, 1986, London.

Thubten Jigme Norbu, *Tibet is my country*, Wisdom Publications, 1986, London.

Jetsun Pema, *Tibet mon histoire*, propos recueillis par Gilles Van Grasdorff, Ramsay, Livre de Poche, 1996.

Hugh E. Richardson, *Tibet and its history*, Oxford University Press, 1962.

Tsepon W.D. Shakabpa, *Tibet, a political history*, Potala Publications.

Sogyal Rinpoché, *Le livre tibétain de la vie et de la mort*, La Table Ronde, Paris, 1993.

Rinchen Dolma Taring, *Daughter of Tibet*, London, 1970.

Tendzin Tcheudrak, *Le Palais des arcs-en-ciel*, propos recueillis par Gilles Van Grasdorff, Albin Michel, 1998.

Harry Wu, *Retour au laogai*, Belfond, Paris, 1996.

Pour aider
les réfugiés et les prisonniers politiques tibétains

Parrainer un enfant :

Tibetan Children's Village
Dharamsala Cantt – 176216
Distt. Kangra, H.P. (India)

Par chèque bancaire à l'ordre du TCV
Ou par virement bancaire au compte
N° C-310 300 792, American Express Bank.

Soutenir les prisonniers politiques :

Democracy and Human Rights Centre
Tibetan Central Administration
Dharamsala Cantt – 176216
Distt. Kangra, H.P. (India)

La rédaction de ce livre sur les Panchen-Lama n'aurait pu se réaliser sans l'accueil particulièrement chaleureux du gouvernement du Tibet en exil et l'ensemble de la communauté tibétaine en Inde.

Mes remerciements vont tout d'abord à M. Tempa Tsering, secrétaire du département de l'Information et des Relations internationales, ami et soutien de toujours, et à l'ensemble du gouvernement tibétain en exil, sans oublier Mme Jetsun Pema, pour son combat de tous les jours. Et mes amis Palden Gyatso, Tendzin Tcheudrak, qui m'a délivré un enseignement de tolérance, d'amour et de pardon, le Vénérable Thubten Ngobub, oracle de Netchung, qui m'a souvent guidé au moment de profonds découragements.

Mes pensées vont à vous, Kelsang, Sonam, Thubten, Tashi et à tous ceux que je ne peux pas citer dans ce livre qui furent les témoins de cette histoire. Elles vont aussi à tous ceux qui sont aujourd'hui encore dans les camps, les prisons-usines, les prisons-fermes ou dans les laogai.

Je tiens à rendre un hommage très particulier à M. Harry Wu pour son soutien, son amitié et son courage à défendre Guendun Chökyi Nyima, le onzième Panchen-Lama.

Enfin je remercie :
Messieurs les sénateurs Claude Huriet et Louis de

Broissia pour leur fidèle soutien ; Monsieur le député Richard Cazenave ; Messieurs André Heiderscheid, Paul Zimmer, Léon Zeches, Marcel Kieffer et l'ensemble de la rédaction grâce à qui toute cette belle aventure est arrivée ; Ngawang Dakpa et toute sa famille ; le docteur Dakpa ; Anne-Marie et Gilbert Collard et leurs enfants ; Jacques Krischer ; Jean Lassale, Yves Serre et Liliane Nonclerc, pour leur fidèle amitié et leur soutien au quotidien ; Joëlle pour sa collaboration efficace et fidèle ; Jean-Pierre Chambraud, pour son amitié.

Mes remerciements vont également à William Piccione, pour son amical soutien ; à Frédéric Dalléas, qui a traduit du chinois la préface de Harry Wu ; à Catherine Barry, Étienne Roda-Gil, Jean-Jacques Annaud ; à Alain Noël et sa famille, à Pierre Dutilleul et son équipe pour avoir permis aux livres précédents de continuer à exister ; à toi, Xavier qui te reconnaîtras, tant de secrets partagés ; à Catherine pour les collaborations à venir, tant d'amitié ; et à Marie…

TABLE

Avertissement 11

Préface de Harry Wu 13

Chapitre premier – *Les heures ne seront jamais plus silencieuses* 23

Chapitre 2 – *Le vieil homme et l'enfant* 43

Chapitre 3 – *La nuit, toutes les corneilles sont noires* 77

Chapitre 4 – *Les vagues de la nuit s'y déchirèrent* 101

Chapitre 5 – *Une lampe chasse-t-elle la nuit ?* 121

Chapitre 6 – *Le lotus de la liberté pousse en Arizona* 145

Chapitre 7 – *La vie humaine, ce bien fragile et précieux* 167

Chapitre 8 – *Ils étaient à Tashilhunpo* 189

Chapitre 9 – *Un temps pour partir, un autre pour renaître* 213

Annexes

Carte du Tibet 223
Glossaire 225
Panchen-Lama, les origines 229
Les chemins de l'exil : XIIIe Dalaï-Lama et IXe Panchen-Lama 233
Les quatorze Dalaï-Lama 250
Les onze Panchen-Lama 251
Bibliographie 252
Pour aider les réfugiés et les prisonniers politiques tibétains 254
Remerciements 255

Achevé d'imprimer sur les presses de

BUSSIÈRE
GROUPE CPI

à Saint-Amand-Montrond (Cher)
en février 2002

POCKET - 12, avenue d'Italie - 75627 Paris Cedex 13
Tél. : 01-44-16-05-00

— N° d'imp. 20640. —
Dépôt légal : mars 2002.

Imprimé en France